# ZONE GRISE
# Découvrir la volonté de Dieu quand tout n'est pas noir ou blanc

Par
Jean-Philippe
Beaudry

# Recommandations pour Zones Grises

**Claude Houde**
Pasteur principal de
l'Église Nouvelle Vie

« Je crois sincèrement que ce livre a le potentiel de faire une grande différence dans votre vie. Je connais Jean-Philippe et son épouse Valérie depuis plusieurs années et je sais qu'ils sont *all in*, totalement consacrés à faire la volonté de Dieu, à aimer Dieu et à le faire connaître. Dans ce livre, Jean-Philippe aborde avec transparence, simplicité et profondeur des questionnements qui confrontent tellement d'entre nous. *Zones Grises* répond à cette question cruciale : comment Dieu nous parle-t-il et nous révèle-t-il sa volonté au 21e siècle ? Les réponses sont porteuses de votre destinée. Bonne lecture ! »

**David Pothier**
Pasteur principal
de la Chapelle

« À lire absolument! Jean-Philippe aborde le sujet de la volonté de Dieu d'une façon claire, biblique, nuancée et avec une grande sensibilité pastorale. Un des meilleurs livres que j'ai lu sur le sujet ! »

**Sébastien Corn**
Leader du band
IMPACT

« Je connais Jean-Philippe depuis des années et c'est un communicateur réfléchi, pratique et pédagogue qui nous aide à mieux comprendre un sujet aussi capital et décisif que celui de la volonté de Dieu. »

**Sandra Kouame**
Leader de louange

« La volonté de Dieu est un sujet qui nous concerne tous. Chacun de nous traversons des saisons où nous avons besoin que Dieu nous révèle ses plans ainsi que sa volonté. *Zones Grises* n'est pas seulement un très bon livre à explorer mais, il est également un outil concret pour nous aider à discerner la volonté de Dieu pour notre vie. »

**Bruno Picard**
Fondateur du
mouvement
Extravagance

« Dans son excellent livre "Zones Grises", mon ami Jean Philippe Beaudry, nous aide à nous poser les questions qui apportent les réponses dont nous avons vraiment besoin ! J'ai été béni par son approche pragmatique d'un sujet si subjectif. Je suis très honoré et fier d'écrire ces quelques mots pour vous encourager à lire, ou plutôt à dévorer, ce livre écrit avec amour, passion et excellence ! Pour passer de l'ombre à la lumière, des doutes aux certitudes, d'une vie en dents de scie à une vie de progression constante, Dieu a un plan et des stratégies. Merci à Jean Philippe de nous aider à mieux les comprendre dans ce livre que je recommande sans hésitation.»

**D<sup>re</sup> Stéphanie Reader**
Pasteure à l'Église Nouvelle Vie, conférencière et auteure

«Ce livre est électrisant! Il est pratique, encourageant et inspirant! C'est un outil indispensable pour découvrir la volonté de Dieu dans notre vie. Il est fascinant de voir combien un livre portant sur les zones grises de notre vie peut être écrit avec autant de clarté, de précision et surtout de pertinence. Attendez-vous à ce que Dieu pénètre votre âme, vous parle, vous dirige et vous défie à travers ces mots. *Zones Grises* est un catalyseur et il saura vous propulser dans votre destinée. Jean-Philippe est un auteur remarquable. Je suis convaincue que ce premier ouvrage ne sera pas son dernier, croyez-moi!»

**Ben Luiten**
Pasteur à l'Église Nouvelle Vie

«Jean Philippe est l'un des meilleurs communicateurs de sa génération. Il sait rendre accessible des concepts théologiques parfois mal compris. Si vous vous êtes déjà posé des questions concernant la volonté de Dieu pour votre vie; ce livre vous donnera des clés bibliques et pratiques pour avancer dans *son* plan. Je prie que cette lecture vous donne une vision plus claire et une paix plus profonde sur ce que Dieu attend de vous.»

**Mark Lecompte**
Président de l'Institut de Théologie pour la Francophonie

«Je connais Jean-Philippe depuis plusieurs années déjà alors qu'il était étudiant à l'Institut de Théologie pour la Francophonie où je suis directeur et professeur. Nous nous sommes en outre côtoyés comme collègues dans le ministère pastoral. En plus de détenir une connaissance biblique et une théologie solide, c'est un homme de famille, un leader, un pasteur et un communicateur passionné et totalement engagé à suivre Jésus. Je n'ai aucun doute que ce livre sera non seulement instructif pour ses lecteurs, mais aussi pleinement inspirant.»

**Matt Marvane**
Pasteur, compositeur
et interprète

« Très souvent des personnes me posent la question suivante : "comment faire pour connaitre la volonté de Dieu ?" Je crois qu'en lisant ce livre vous y trouverez de nombreuses réponses concrètes et pratiques pour vivre pleinement ce que Dieu a prévu pour vous ! »

**Denis Pottiez**
Fondateur d'Épidémie
d'amour et du 2035

« Ce livre est tout simplement génial ! Jean-Philippe écrit des mots justes et précis sur des questions que nous nous posons tous dans les différentes étapes de vie. Un livre actuel et rempli de conseils très pratiques pour t'amener à l'étape suivante. Quand un passionné de Jésus t'ouvre son cœur alors les mots touchent, raisonnent et activent une passion qui devient vraiment contagieuse. Merci, Jean-Philippe, de nous propulser dans la vraie vie. »

**D<sup>r</sup> Glenn Smith**
Doyen académique
à l'Institut de Théologie
pour la Francophonie

« Je connais Jean-Philippe depuis ses années comme étudiant à l'Institut de Théologie pour la Francophonie. J'ai suivi de près son parcours et nous sommes maintenant collègues à notre église à Montréal. Son cheminement m'impressionne. Je suis ravi de recommander ce livre. Il contient les réflexions d'un homme qui suit Jésus tous les jours. Il nous invite à bien discerner comment suivre Jésus dans les complexités de la vie de tous les jours. »

**Jérémie Poulet**
Pasteur et auteur

« Zones grises, ou comment saisir, réaliser, apprécier la présence de Dieu et sa direction dans les moments où le doute semble vouloir prendre le dessus dans nos vies. Jean Philippe Beaudry adresse un sujet tellement important et qui nous concerne tous. Je suis sûr que cet ouvrage va vous encourager à persévérer dans le chemin que Dieu a tracé pour vous, et qu'il sera une source de bénédiction dans les moments que vous traversez. »

**Frédéric Libert**
Pasteur exécutif à
la Chapelle

« En tant que croyant, on aimerait faire la volonté de Dieu, mais entre ce qu'on lit dans la Bible, ce qu'on pense, ce qu'on entend et ce qu'on voit, ce n'est pas toujours facile de s'y retrouver. Avec cet excellent livre, Jean-Philippe nous accompagne dans un voyage au cœur de nos questionnements et nous suggère qu'il est possible de marcher pleinement dans la volonté de Dieu pour nos vies. »

Charlie y Elias -

No importa cual circunstancia se presente en la vida, No importa si en el camino la luz brilla o se apaga...

Tengan la seguridad de que Dios siempre los sostendra y sanará sus corazones Iluminará sus vidas y guiará en el camino.

El los sostendra de sus manos para mostrarles que siempre hay una salida,

Una Salida, donde encontrarán luz, Amor, tranquilidad, Exitos y la sabiduría espiritual que los hara plenamente felices.

Mamá.

# ZONES GRISES

Publié par Jean-Philippe Beaudry

Mise en page : Studio Monozygote (studiomonozygote.com)
Couverture : Studio Monozygote (studiomonozygote.com)
Coordination éditoriale : Emmanuel Robin

Dépôt légal — 1er trimestre 2020
Bibliothèque et Archives nationales du Québec
Bibliothèque et Archives du Canada

ISBN 978-2-9818829-0-5
ISBN 978-2-9818829-1-2

# Table des matières

# Remerciements

Écrire un livre est un travail d'équipe. Sans l'immense contribution de plusieurs personnes, ce livre n'existerait tout simplement pas. Je voudrais prendre le temps d'exprimer toute ma reconnaissance à ces gens qui m'ont aidé tout au long de ce projet.

Valérie, après la décision de suivre Jésus, tu es de loin la meilleure décision que j'ai prise dans ma vie. Merci pour tes conseils, tes idées et ton apport dans ce projet. Merci de croire en moi et de me pousser à me dépasser. On est un *dream team* et je suis privilégié de vivre ma vie avec toi. Je t'aime !

Emmanuel Robin, merci pour ton amitié, tes conseils et ta vision pour ce projet. Ce livre n'aurait jamais vu le jour sans toi. Tes dons de création m'impressionnent tellement. J'ai *tripé* à faire ce projet avec toi et je suis reconnaissant de t'avoir dans ma vie.

Xavier Lacouture, tu es un génie des mots. Tu as réussi à prendre un texte décousu et qui ne faisait pas toujours de sens pour le transformer en un livre qui me rend fier aujourd'hui. Merci pour toutes tes suggestions et d'avoir investi autant de temps à raffiner mes propos. J'espère que nous pourrons travailler sur plusieurs autres projets ensemble.

Micaël et Israël L'Italien, merci pour vos idées, votre créativité et votre investissement dans ce projet. Je n'aurais jamais pensé que mon premier livre aurait pu avoir aussi fière allure ! Je crois en vous *big time* et j'ai hâte de voir tout ce que l'avenir vous réserve. Merci pour votre amitié.

Mes parents, merci pour vos encouragements et votre support inconditionnel. Merci d'avoir investi dans ce projet et de croire en moi comme vous le faites. Je vous aime et je suis fier d'être votre fils.

En conclusion, je suis reconnaissant envers Dieu pour sa grâce infinie envers moi, pour l'opportunité qu'il me donne pour le servir et parce qu'il me permet de vivre une vie que je ne mérite pas. C'est le plus grand honneur de ma vie de le suivre et de vivre pour lui.

*À Emma et Jacob.*
*Que ce livre puisse un jour vous inspirer à suivre Jésus*
*et à poursuivre la volonté de Dieu pour vos vies.*

# Préface

La découverte de la volonté de Dieu est un thème qui nous concerne tous, que nous soyons nouveau dans la foi ou que nous soyons un leader chrétien expérimenté. Nous nous retrouvons tous inévitablement à un moment dans notre vie à un endroit où nous devons prendre des décisions importantes, décisions qui vont parfois influencer littéralement notre vie et notre destinée. Il est donc impératif de savoir comment discerner et entendre la voix de Dieu ainsi que les moyens qu'il utilise pour nous guider et nous montrer ses desseins ultimes.

Autant une bonne décision peut nous amener sur la voie de la bénédiction, autant une mauvaise peut nous précipiter dans des gouffres et des méandres d'une très grande complexité. Je crois que le sujet de la volonté de Dieu doit être pris très au sérieux. Lire et étudier sur la thématique est une priorité dans la vie de l'enfant de Dieu.

Cet ouvrage que vous allez découvrir dans les prochains chapitres saura vous aider à déchiffrer et mieux comprendre les voies merveilleuses de notre Dieu.

Jean-Philippe Beaudry, qui est un excellent communicateur et vulgarisateur des principes bibliques, a su capturer un thème très complexe et le synthétiser de façon à ce que nous puissions comprendre plus que jamais la voix et les plans de Dieu. Je suis persuadé qu'après la lecture de ce livre inspirant, vous serez en mesure plus que jamais de prendre des décisions inspirées et de faire des choix de destinée qui vont transporter votre vie dans la direction divine. Que Dieu vous montre la voie que vous devez suivre et que sa volonté parfaite s'accomplisse dans votre vie.

Luc Dumont
Auteur et conférencier

# Introduction

Rick Warren      «La plus grande tragédie de la
                 vie n'est pas la mort. C'est une vie
                 sans but.»

Jérémie          «Car je connais les projets que je forme pour vous, déclare
29.11            l'Éternel : ce sont des projets de paix et non de malheur,
                 afin de vous donner un avenir et de l'espérance.»

## Dieu, sa volonté et moi

As-tu déjà accompli quelque chose par accident ou involontairement? Comme réussir un examen sans avoir étudié? Tu aurais dû échouer cet examen, mais pour une raison ou une autre, tu l'as réussi. Je vais tout de suite te confesser quelque chose : ce livre est, en quelque sorte, un accident. Je ne me considère pas comme un écrivain ni comme un théologien et écrire un livre sur un thème aussi important que la volonté de Dieu ne faisait pas partie de mes projets. En fait, je n'avais tout simplement pas prévu d'écrire un livre et celui-ci s'est construit presque involontairement comme une somme de réflexions, d'observations et de prédications.

Tout a commencé il y a quelques années, alors que j'étais pasteur des jeunes adultes à l'Église Nouvelle Vie de Longueuil. Comme nous vivions une saison de croissance avec beaucoup de nouveaux et de visiteurs chaque semaine, toute l'équipe et moi avions le désir de créer une série de messages qui pouvait se montrer pertinente pour tous les curieux et les jeunes dans la foi qui se joignaient à l'église. Je prêchais une série de messages sur le thème de la volonté de Dieu dans une série qui portait ce nom : *Dieu, sa volonté et moi*. Cette série avait pour but de communiquer que Dieu a des plans et des projets pour chaque personne et surtout, nous voulions donner des outils concrets aux gens pour les aider à découvrir la volonté du Seigneur pour leur vie. À travers ces quelques messages, mon intention était simplement de proposer une vulgarisation et une démystification de certains concepts autour de la volonté de Dieu pour que chacun puisse mieux comprendre de quoi elle relève, de quoi elle répond également, et ainsi mieux vivre tout ce que Dieu a prévu pour chacun d'entre nous. Je n'avais pas la prétention (je ne l'ai toujours pas) de couvrir toute la matière sur le sujet de la volonté de Dieu, il s'agissait plutôt d'un survol de ce que la Bible enseigne sur la question.

L'impact que cette série a eu m'a complètement pris par surprise. Je n'aurais jamais pensé que le sujet de la volonté de Dieu aurait soulevé autant de questions et de réactions. Durant les semaines qui ont suivi, la réponse des gens a été plus que surprenante. J'ai reçu tellement de courriels et de messages de personnes provenant d'horizons si différents me demandant de les aider à mieux comprendre la volonté de Dieu pour leur vie et me posant des questions en lien avec différentes situations auxquelles ils faisaient face. La soif qu'avaient les gens de connaître la volonté de Dieu pour leur vie m'a surprise. J'ai rapidement réalisé que ce sujet était un véritable mystère pour la très grande majorité de gens qui désirent suivre Jésus. Cette prise de conscience eut l'effet d'une révélation pour moi sur une soif de la part de la communauté, un besoin à venir combler. Un besoin que j'avais sous-estimé. Je me disais : « Les gens veulent faire la volonté de Dieu, ils ont ce désir-là, mais ils ne savent pas comment la découvrir ! »

Énormément de personnes n'avaient aucune idée par où commencer pour comprendre la volonté de Dieu pour leur vie. J'ai reçu des questions en lien avec ce thème sur à peu près tous les domaines imaginables : les relations, l'argent, la famille, les études, le travail, etc. Au-delà de cette multitude de domaines, ce qui m'a surpris le plus, c'est que la très grande majorité des personnes qui m'ont écrit *ne doutaient pas* que Dieu avait un plan pour eux, le problème était plutôt qu'ils *ne savaient pas* par où commencer pour découvrir ce plan et progresser dans cette volonté.

Et pour être honnête, je les comprenais parfaitement parce que moi-même, je me suis retrouvé souvent dans la même posture.

## Quelle est la volonté de Dieu pour ma vie ?

Toutes ces interrogations qui ont été mises au jour durant cette série se rejoignent en une grande question formulée ainsi : *quelle est la volonté de Dieu pour ma vie ?* Si tu tiens ce livre dans tes mains, tu t'es probablement déjà posé la question à un moment ou à un autre dans ta vie. Peut-être même que tu te poses cette question en ce moment et je suis d'avis que tout chrétien sera amené à se la poser au cours de sa marche avec Jésus. Cette grande question existentielle contient d'innombrables sous-questions beaucoup plus précises, comme :

· Est-ce que je suis au bon endroit dans ma vie ?
· Est-ce que je prends la bonne décision ?
· Est-ce que je dois quitter ou rester ?
· Est-ce que cette personne est la bonne pour moi ?
· Est-ce que cet emploi est le bon pour moi ?
· Est-ce que Dieu m'appelle au ministère ou non ?

Et il y a encore tant d'autres interrogations qui pourraient suivre… Je pourrais écrire un livre entier simplement en soulevant les questions que nous pourrions avoir concernant la volonté de Dieu. Le sujet soulève également certains paradoxes. Vaste et complexe, il est un des sujets les plus populaires, mais également un des sujets les plus mal compris de notre génération. La plupart d'entre nous ne savent pas par où commencer pour marcher dans la volonté de Dieu. Comment être convaincu d'être dans sa volonté ? Est-ce que nous pouvons réellement savoir ce que Dieu veut pour nos vies ? Jusqu'à quel point Dieu veut-il diriger nos vies ? J'ai longtemps moi-même eu beaucoup de difficultés à non seulement discerner la volonté de Dieu pour ma vie, mais simplement comprendre ce qu'elle était exactement. Et plus largement, lorsque nous parlons de volonté de Dieu, de quoi s'agit-il exactement ?

## Questions claires, réponses floues

Le fait que la Bible ne semblait qu'offrir des réponses très vagues à toutes mes questions a longtemps été difficile à comprendre pour moi. Je me présentais devant Dieu avec des questions précises sur ma vie et mon avenir et j'avais l'impression que le Seigneur ne me répondait que par des réponses floues qui ne m'aidaient pas vraiment à prendre des décisions fermes et éclairées. Je suis persuadé que tu comprends de quoi je parle.

Par exemple, lorsque je fréquentais Valérie (qui est aujourd'hui ma femme) et que je demandais à Dieu si elle était la femme pour moi, je n'ai jamais trouvé le verset qui disait : «*Jean-Philippe, Valérie est la femme que tu dois marier. C'est elle. Marie-la au plus vite avant qu'elle ne change d'idée*». Crois-moi, j'ai cherché ce verset partout dans la Bible, mais je ne l'ai jamais trouvé. D'accord, j'exagère un petit peu, mais tu comprends ce que je veux dire. Comment pouvais-je savoir que Valérie était la femme de ma vie et nourrir des certitudes par rapport à cela ? Et si Dieu avait une autre femme pour moi ? Je n'ai pas pu trouver une réponse claire et précise à une question qui me semblait pourtant pertinente et justifiée.

## Zones grises

J'ai longtemps eu l'impression que la volonté de Dieu n'était remplie que de zones grises. Alors que mes questions nécessitaient des réponses noires ou blanches, Dieu semblait répondre par des zones grises. Peut-être que tu as déjà connu ce sentiment d'incertitude. Comme si la Bible n'était pas en mesure de répondre clairement et précisément aux questions et aux dilemmes de la «vraie vie» d'aujourd'hui, de la réalité dans laquelle nous vivons.

La vérité est que la Bible a été écrite il y a maintenant des milliers d'années par des gens pour qui la réalité de la vie de l'époque, leur «vraie vie» n'était même pas comparable à celle d'aujourd'hui. Les communications, les relations, les connaissances, la culture ou encore la société, tout était différent. Alors, est-ce que Dieu peut vraiment me guider dans les décisions que je dois prendre ? Est-ce que Dieu peut réellement me diriger dans les saisons que je vais traverser pour me faire découvrir ses plans pour ma vie ? Est-ce que Dieu peut me parler clairement même si la Bible est un texte ancien et semble général ? Est-ce possible de découvrir sa volonté et d'avoir des réponses à mes questions d'aujourd'hui ?

Ma réponse est sans équivoque : absolument ! Même si d'un côté, la Bible semble floue concernant beaucoup de questions que nous pouvons avoir, de l'autre côté, elle est claire sur beaucoup de choses. La Parole de Dieu n'est pas remplie que de zones grises, il y a beaucoup de principes qui sont écrits noir sur blanc. Prenons par exemple la Bible dans le contexte du travail. D'un côté, tu ne trouveras peut-être jamais de versets pour te dire si tu dois être mécanicien, dentiste ou comptable, mais de l'autre côté, la Bible est remplie d'enseignements très clairs sur notre comportement au travail. Tu trouveras des principes clairs comme : avoir une bonne attitude, être soumis aux autorités, être intègre, être des ambassadeurs pour Christ, etc. Cette dynamique s'applique dans tous les domaines de nos vies. Prenons les relations amoureuses, par exemple. La Bible est claire sur le fait que la pureté sexuelle est primordiale, que nous devrions constamment chercher l'intérêt de l'autre avant le nôtre. Elle est également précise sur plusieurs autres principes. Cependant, tu ne trouveras pas de verset pour te confirmer qui tu dois marier ni pour te dire combien de temps devraient durer les fréquentations avant le mariage.

Ainsi, la Bible est à la fois claire et remplie de zones grises. Elle est claire sur les principes, mais semble rester floue sur beaucoup de questions plus concrètes que nous avons. Comme la Bible semble ne nous offrir que des réponses floues ou incomplètes, est-ce possible d'être convaincu des décisions qu'on doit prendre ? Est-il réellement possible d'avoir l'assurance de marcher dans la volonté de Dieu ? Il y a un certain niveau d'incertitude qui semble toujours être là et ce niveau d'incertitude peut nous amener à hésiter, à douter, à demeurer dans l'immobilisme.

Il y a une tension entre le fait que Dieu nous dit qu'il a des plans pour nos vies, mais sa Parole semble être remplie de zones grises face à toutes nos questions et nos situations. Nous vivons souvent en plein milieu de cette tension. Nous voulons marcher dans la volonté de Dieu, mais si seulement nous pouvions savoir qu'elle est sa volonté !

## La vision, les décisions et les saisons

Toute cette réflexion nourrit l'intention de ce livre, celle de t'aider à vivre au milieu de cette tension et de mieux comprendre la volonté du Seigneur pour ta vie. Ces pages ne contiennent pas une étude exhaustive sur la volonté de Dieu, mais proposent plutôt le début d'une conversation sur le sujet. Je ne crois pas qu'il soit possible de parfaitement comprendre comment la volonté de Dieu s'expérimente dans nos vies. Autrement dit, je pense qu'on ne peut pas mettre la volonté de Dieu dans une boîte ou en faire un pur objet d'étude. La Bible nous dit que les pensées de Dieu sont bien au-dessus des nôtres[1]. Même si ce livre n'a pas la prétention de tout couvrir sur le sujet de la volonté de Dieu, tu trouveras plusieurs outils pour prendre de meilleures décisions et te libérer de la peur d'être hors de la volonté de Dieu. Parce que très souvent, cette peur de se retrouver hors de sa volonté nous paralyse. Littéralement. Nous avons tellement peur de nous éloigner du plan de Dieu en prenant une mauvaise décision que nous finissons par ne pas prendre de décision du tout. Nous ne nous engageons pas dans une relation, nous ne faisons pas le saut au collège biblique ou nous ne postulons pas pour un certain emploi par peur de manquer la volonté de Dieu en prenant cette décision. La peur de passer à côté de la volonté du Seigneur peut nous amener à faire du sur-place pendant longtemps. Plusieurs personnes peuvent être au neutre pendant des jours, des mois et même des années. Or, je ne pense pas que Dieu ait ce désir de nous voir immobiles, figés ou tétanisés par la peur. Le but de ce livre est de te libérer de cette peur et de t'amener au point où tu passeras moins de temps à te demander quelle est la volonté de Dieu et où tu passeras plus de temps à faire et accomplir sa volonté.

Dieu a des plans spécifiques pour toi et son désir est de te les révéler. Il ne veut pas nous cacher sa volonté, au contraire le Seigneur veut nous la révéler ! Dieu ne veut pas que nous marchions en plein brouillard, mais plutôt que nous puissions apprendre à discerner quelle est sa volonté. La Parole de Dieu est très claire sur le fait que le Seigneur te connaissait avant même ta naissance[2] et qu'il t'a créé pour un but précis. Même si parfois nos vies semblent être remplies de zones grises et que nos questions nous semblent bien souvent sans réponses, la vérité est que les projets de Dieu pour nos vies sont bien réels.

Ce livre propose d'aborder le thème de la volonté de Dieu sous quatre angles différents. Ces angles seront abordés sous quatre grandes sections dans le livre : la volonté de Dieu, la vision, les décisions et les saisons.

## La volonté de Dieu

Il y a tellement de croyances et d'approches différentes qu'il devient presque impossible de s'y retrouver. Dans cette section du livre, nous établirons la fondation de ce qu'est la volonté de Dieu. La Bible est remplie de principes clairs sur lesquels le Seigneur nous appelle à bâtir nos vies. Avant même d'aspirer à avoir des réponses à nos questions et à avoir un sens de direction pour nos vies, Dieu veut établir le fondement de sa volonté pour nous. Nous allons regarder à ce que la Parole de Dieu dit. Cette section t'aidera à comprendre la volonté de Dieu et à la chercher au bon endroit !

## La vision

D'un couvert à l'autre de la Bible, Dieu nous parle de vision. Les thèmes de la volonté de Dieu et de la vision sont étroitement liés. La vision est ce qui donne un sens de direction à nos vies. Il s'agit du point de départ de l'accomplissement de notre destinée. Dieu a une vision pour ta vie et cette section du livre te donnera des outils pour la découvrir.

## Les décisions

Marcher dans la volonté de Dieu impliquera des centaines, voire des milliers de décisions tout au long de notre vie, des plus anodines aux plus déterminantes. Quotidiennement, nous devons faire des choix qui nous approcheront ou qui nous éloigneront de la volonté de Dieu. Dieu ne nous forcera jamais à le suivre, il nous donnera toujours le choix. Dans cette section, nous regarderons à des principes qui t'aideront à prendre de bonnes décisions sans constamment avoir peur de t'exclure de la volonté de Dieu pour ta vie.

## Les saisons

La vie est une succession de différentes saisons et la volonté de Dieu s'expérimente à travers chacune d'elles. Le Seigneur veut se révéler à nous et nous accompagner dans chaque saison. Avec Dieu, il n'y a aucune saison perdue ou inutile. Dans cette dernière section, nous découvrirons comment maximiser chaque saison que nous traversons.

# Section N°1

Zones Grises

# LA VOLONTÉ
# DE DIEU

# Chapitre 1

# LES 3 CERCLES

Rick Warren        « Tu ne pourras pas accomplir les
                     projets de Dieu pour ta vie en te
                     concentrant sur tes propres plans.»

Romains            «C'est de lui, par lui et pour lui que sont toutes choses.
11.36              À lui la gloire à jamais!»

As-tu déjà été tellement désespéré que Dieu te parle que tu as pris une Bible et tourné les pages au hasard, mis ton doigt quelque part au hasard, sur un verset en espérant que ce soit le verset dont tu avais besoin? Si oui, tu n'es pas seul. Je l'ai fait (trop) souvent aussi. J'aimerais te suggérer qu'il y a de meilleurs moyens pour découvrir la volonté de Dieu pour ta vie.

Mais juste avant d'explorer les moyens pour découvrir la volonté de Dieu, il nous faut accomplir un léger détour et commencer par comprendre ce qu'est la volonté de Dieu. Que cherche-t-on exactement? Par où commencer? Si tu cherches quelque chose sans réellement savoir ce que c'est, tu risques de chercher longtemps, voire de passer à côté et l'expérience risque d'être plus décevante qu'autre chose. Lorsqu'on parle de la volonté de Dieu, de quoi parle-t-on exactement?

L'apôtre Paul, qui a écrit près de la moitié du Nouveau Testament, le disait de cette manière dans une lettre qu'il a écrite aux croyants de l'église d'Éphèse :

| Éphésiens 5.17 | « C'est pourquoi ne soyez pas stupides, mais comprenez quelle est la volonté du Seigneur. » |
|---|---|

L'intention de Paul n'était pas de faire sentir ses lecteurs stupides, mais de nous mettre en garde de ne pas chercher la volonté de Dieu aux mauvais endroits. Paul ne voulait pas que les croyants d'Éphèse cherchent la volonté de Dieu sans comprendre ce qu'elle est. L'apôtre voulait premièrement s'assurer qu'ils comprennent ce qu'est la volonté de Dieu et ses paroles sont toujours d'actualité aujourd'hui.

Dieu ne veut pas cacher sa volonté, bien au contraire. Il nous appelle plutôt à comprendre ce qu'elle est. Le Seigneur nous appelle à discerner ce que sa volonté *est* et ce qu'elle *n'est pas*. Sa Parole est remplie d'outils pour nous aider à discerner et à mieux comprendre sa volonté. Évidemment, lorsque nous parlons de la volonté de Dieu, nous faisons surtout référence à des plans et des projets que Dieu a spécifiquement préparés pour nos vies. C'est ce qui nous intéresse le plus avec raison. La Bible est claire sur le fait que Dieu a des plans et des projets pour nous spécifiquement. Qu'est-ce que Dieu m'appelle à faire et où m'appelle-t-il à aller ? Quel est le but de ma vie ? Ce livre a pour objectif de t'aider à trouver des réponses à ces questions. Mais avant de plonger dans le vif du sujet, il y a une notion primordiale qu'il nous faut comprendre : quelle est ma place dans le *big picture* de Dieu ?

Dieu a un plan pour ta vie, mais la volonté du Seigneur ne tourne pas autour de ta vie. Est-ce que quelqu'un t'a déjà dit que le monde ne tourne pas autour de toi ? Si oui, cette personne avait raison. Tu as été créé *par* Dieu, mais aussi *pour* Dieu. Il y a eu un avant « moi » et, si Jésus tarde son retour, il y aura un après « moi ». La volonté de Dieu pour nos vies est infiniment personnelle, mais elle va également bien au-delà de notre existence. Dieu a des plans spécifiques pour nos vies, mais les plans que Dieu a pour nous s'inscrivent dans un plan beaucoup plus grand que nous.

Pour *comprendre* la volonté de Dieu, comme le disait Paul, il nous faut comprendre que la volonté de Dieu dépasse largement notre existence. J'aimerais te proposer trois différents aspects de la volonté de Dieu pour nous aider à comprendre notre place dans le grand plan du Seigneur pour l'humanité. Pour mieux saisir comment fonctionnent les trois aspects de la volonté de Dieu, nous allons les illustrer par trois cercles, comme dans une cible (voir schéma à la page suivante).

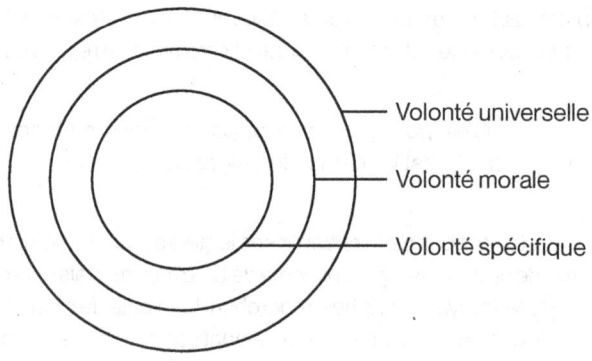

Volonté universelle

Volonté morale

Volonté spécifique

## Volonté universelle

Le premier niveau est ce que j'appellerais la volonté universelle. Il s'agit du plan de Dieu pour l'humanité. Plusieurs théologiens l'appelleront aussi la volonté souveraine de Dieu[3]. Ce niveau de volonté de Dieu fait simplement référence au fait que Dieu est souverain et se trouve au contrôle de toutes choses. En d'autres termes, il règne et rien ni personne ne peut empêcher Dieu d'accomplir sa volonté. Son plan s'accomplira toujours exactement comme il l'a prévu. C'est lui qui dirige, c'est lui qui décide, c'est lui le *boss*. Par exemple, Dieu n'a pas eu besoin de créer un comité et de passer par un vote pour approuver la création de l'univers. Il l'a simplement créé selon son plan et sa volonté. Dieu a créé l'univers et tout ce qu'il comporte sans avoir eu besoin de l'approbation de personne. Il a simplement créé l'univers. C'est ce qu'on appelle *la volonté universelle*. Il en est de même pour la venue de Jésus sur terre. Il s'agissait du plan de Dieu depuis le tout début et rien ni personne n'aurait pu empêcher Jésus de venir accomplir la volonté de son Père sur terre. Voici un exemple :

| | |
|---|---|
| Actes 2.23 | «Jésus vous a été livré suivant le projet défini et la prescience de Dieu. Vous l'avez fait mourir sur une croix par l'intermédiaire d'hommes impies.» |

Luc, l'auteur du livre des Actes, affirme que la venue de Jésus suivait le plan que Dieu avait prédéfini depuis le commencement. Dieu était au contrôle depuis le tout début de chacune des étapes. Même si Jésus a été crucifié par des hommes qui lui voulaient du mal, Dieu était encore et toujours au contrôle. Quelle pensée incroyable ! Pendant que des hommes croyaient avoir la victoire sur Jésus en le mettant à mort, c'était en fait la volonté parfaite de Dieu qui s'accomplissait. Jésus n'était pas le plan B de Dieu, Jésus était le plan A depuis le début.

Depuis la création du monde jusqu'à aujourd'hui, la volonté universelle de Dieu englobe tout ce que Dieu fait. La volonté de Dieu pour ta vie s'inscrit dans sa volonté universelle. Dieu est souverain et ta vie est entre ses mains. C'est le premier niveau de la volonté de Dieu.

## Volonté morale

Le deuxième niveau de la volonté de Dieu est ce qu'on pourrait appeler la volonté morale de Dieu. Beaucoup plus spécifique que la volonté universelle, la volonté morale de Dieu fait référence au cadre moral que Dieu suggère à sa création. Certains appellent cela «les voies de Dieu.» Un peu comme un chemin que Dieu nous propose et dans lequel il nous appelle à évoluer.

La volonté morale de Dieu se différencie de la volonté universelle sur un point important : Dieu nous donne le choix de marcher dans ses voies ou non. Nous avons la liberté de choisir sur quelle route nous voulons marcher : celle de Dieu ou une autre en acceptant que dans la première, le Seigneur nous accompagne et dans la seconde non. La volonté morale de Dieu a le mérite d'être très claire et ne laisse pas de zones grises. Nous la retrouvons noir sur blanc dans la Bible. La Parole de Dieu est littéralement remplie d'instructions sur les voies que Dieu nous appelle à emprunter. Voici quelques exemples :

| | |
|---|---|
| 1 Thessaloniciens 4.2–3 | «Vous connaissez en effet les instructions que nous vous avons données de la part du Seigneur Jésus. Voici quelle est la volonté de Dieu : c'est que vous soyez saints et que vous vous gardiez de l'immoralité.» |
| Michée 6.8 | «Le Seigneur te fait savoir ce qui est bien. Voici ce qu'il demande à tout être humain : faire ce qui est juste, aimer agir avec bonté et marcher humblement avec son Dieu.» |

Difficile d'être plus clair ! Maintenant, il est vrai que ce n'est pas toujours facile et ce n'est certainement pas toujours naturel pour nous de marcher dans les voies de Dieu, mais il est difficile de demander à Dieu d'être plus clair.

[3] https://www.desiringgod.org/messages/
what-is-the-will-of-god-and-how-do-we-know-it

# Les voies de Dieu ne sont pas toujours faciles à emprunter, mais elles sont toujours claires.

Jean-Philippe
Beaudry

24

Si tu penses que cette section du livre ne concerne pas vraiment les questions que tu te poses sur la volonté de Dieu pour ta vie, ne manque pas ceci : *la volonté spécifique de Dieu pour nos vies ne se trouvera jamais à l'extérieur de sa volonté morale.* Si tu veux expérimenter tout ce que Dieu a prévu pour toi, cherche premièrement à marcher dans les voies que Dieu t'appelle à emprunter. Avec cette simple affirmation, nous en avons assez pour être occupés pendant très longtemps. La volonté spécifique de Dieu se trouvera *toujours à l'intérieur* de sa volonté morale.

Souvent perçues comme une série de règles restrictives à suivre ou de lois auxquelles on doit obéir, les voies de Dieu sont bien plus que ça. Elles sont là pour nous permettre de vivre tout ce que Dieu a pour nous dans un cadre sain et non destructeur. À travers ces voies, Dieu nous enseigne comment réussir dans nos relations, nos projets et surtout, comment vivre une vie qui le glorifiera.

Les voies de Dieu existent pour nous apprendre à vivre nos vies selon la volonté de Dieu.

## Volonté spécifique

Nous arrivons à l'aspect de la volonté de Dieu qui nous intéresse plus précisément. Jusqu'ici, nous avons vu que Dieu est souverain, sa volonté universelle, que Dieu nous appelle à le suivre dans ses voies, sa volonté morale, mais qu'en est-il de sa volonté spécifique pour ma vie ?

Et nous dans tout ça ? Quelle est notre place dans le portrait global de la volonté de Dieu ? Comment pouvons-nous trouver des réponses à nos questions, à nos dilemmes et comment trouver la direction de Dieu pour les décisions que nous devons prendre ? Ni la volonté universelle ni la volonté morale de Dieu ne semblent nous aider à choisir le bon domaine d'études, la bonne personne à marier, ou accepter ou refuser une offre d'emploi.

Le reste du livre sera consacré à t'aider à mieux comprendre comment expérimenter tout ce que Dieu a prévu pour toi, spécifiquement. Dieu s'intéresse aux détails de ta vie, que ce soient les plus petits comme les plus grands. Peut-être que tu as l'impression que Dieu est silencieux et peut-être même qu'au moment où tu lis ces lignes, tu commences à te demander si Dieu a réellement des plans et des projets spécifiques pour ta vie. Si c'est le cas, crois-moi, tu n'es pas seul. J'ai été à cet endroit tellement souvent. J'oserais même te dire que ces questions font partie de la vie de foi. Même si la foi est remplie de zones grises, je crois également que le Dieu de la Bible est un Dieu qui désire se révéler et qui cherche à nous diriger.

Au milieu des zones grises de nos vies, Dieu a un plan spécifique pour nous. Ce n'est pas parce qu'on ne voit pas toujours le Seigneur nous diriger qu'il n'est pas en train de le faire. La Bible est très claire sur le fait que Dieu a des projets pour nous et cette vérité doit prendre ses racines dans ton cœur.

Jérémie 29.11   «En effet, moi, je connais les projets que je forme pour vous, déclare l'Éternel, projets de paix et non de malheur, afin de vous donner un avenir et de l'espérance.»

Parvenu à ce point-ci, j'aimerais t'inviter à prendre un engagement devant Dieu. Je veux t'inviter à t'engager à ouvrir ton cœur à tout ce que Dieu voudrait te dire d'ici à la fin de ce livre. Très loin de moi l'idée que ce livre contient toute la vérité sur la volonté de Dieu, je crois néanmoins qu'il s'agit d'un bon point de départ pour t'aider à avancer et développer ton discernement sur la volonté spécifique de Dieu pour ta vie.

# Chapitre 2

# SE POSER LES BONNES QUESTIONS

| John Maxwell | «Le moyen le plus simple d'obtenir de meilleures réponses est de poser de meilleures questions.» |
|---|---|
| Matthieu 7.7 | «Demandez et vous recevrez.» |

La Bible est remplie de personnages qui ont posé des questions à Dieu. Nous pouvons lire que même les piliers de la foi posaient des questions à Dieu pour connaitre sa volonté et obtenir des directions pour leur vie. D'Abraham, à Moïse en passant par David, jusqu'à Paul, Pierre et même Jésus. En fait, Jésus lui-même nous invite à poser nos questions à Dieu:

| Matthieu 7.7 | «Demandez et vous recevrez; cherchez et vous trouverez; frappez et l'on vous ouvrira.» |
|---|---|

Est-ce que ça veut dire que je peux demander à Dieu n'importe quoi et qu'il va me l'accorder? Est-ce que je pourrais demander à Dieu de devenir millionnaire ou simplement d'effacer mes dettes? Pas exactement. Alors si Jésus ne parle pas de faire de moi un millionnaire ou d'effacer miraculeusement toutes mes dettes, à quel genre de questions fait-il référence? Est-ce que ça veut dire qu'il y a certaines questions auxquelles Dieu ne répondra pas? Selon Jacques, le frère de Jésus, il y aurait effectivement de bonnes questions et de moins bonnes questions.

| Jacques 4.2b–3 | «Vous n'avez pas ce que vous désirez parce que vous ne demandez pas à Dieu. Quand vous demandez, vous ne recevez pas parce que vous demandez mal, dans le but de satisfaire votre propre plaisir.» |
|---|---|

Il y a deux choses vraiment intéressantes dans ce que Jacques nous dit. Premièrement, Dieu veut répondre à nos questions et nous donner ce que nous lui demandons. Le Seigneur veut que nous lui apportions nos questions et nos demandes, que nous lui partagions nos interrogations, notre cœur. Il s'intéresse à nos vies et il désire intervenir! Si nous voulons recevoir des réponses de la part de Dieu, il ne faut pas avoir peur de lui poser nos questions et de lui apporter nos besoins. Deuxièmement, selon Jacques, il est possible de mal demander à Dieu. Les motifs qui se cachent derrière nos questions changent tout. Si nous posons des questions qui sont centrées sur nous-mêmes ou sur nos propres intérêts, Dieu ne nous accordera pas nécessairement une réponse favorable.

Ce que nous pouvons tirer des enseignements de Jésus et Jacques tient en deux points: Dieu non seulement écoute nos prières, nos demandes et nos questions, mais il veut aussi y répondre! Cependant, il y a certains types de demandes et de questions auxquelles Dieu se réserve le droit de s'abstenir de répondre et de rester silencieux. Il est donc primordial d'apprendre à *poser les bonnes questions*.

## Poser les bonnes questions

Un jour, lorsque j'étais au secondaire, une professeure m'a dit une phrase qui m'a marqué jusqu'à aujourd'hui: «*Jean-Philippe, si tu veux avoir une réponse intelligente, pose une question intelligente.*» Ouch. Je ne me souviens pas de la question que je lui avais posée, mais visiblement, elle n'était pas très impressionnée par sa qualité. Il faut dire qu'elle avait probablement raison, je n'étais pas un élève modèle et j'aimais bien faire rire mes collègues de classe. Ma question ne devait donc pas être très pertinente.

Il y a un principe important qui apparait derrière cette petite histoire : la qualité des questions que nous posons influencera directement la qualité des réponses que nous recevrons. Ce principe s'applique autant à l'école qu'au travail ou dans nos relations, mais aussi dans notre foi. Nous devons apprendre à poser les bonnes questions parce que les bonnes questions nous mèneront vers les bonnes réponses.

Le moyen le plus simple d'obtenir de meilleures réponses est d'apprendre à poser de meilleures questions. Thomas J. Watson, le fondateur d'IBM, le disait de cette façon : *« Apprendre à poser les bonnes questions est le chemin le plus court vers la bonne réponse*[4]. » Voici une petite anecdote qui m'est arrivé avec Valérie pour illustrer à quel point il est important de poser de bonnes questions.

## Quelle couleur ?

Il y a quelque temps, Valérie et moi étions au milieu de toutes sortes de rénovations dans notre maison. Nous sommes du genre à vouloir tout changer et tout faire nous-mêmes. Après des mois de travail, nous étions rendus à l'étape que je préfère, c'est-à-dire la fin ! Il ne nous restait qu'à peinturer les murs pour terminer. À cette étape du projet, j'ai découvert assez rapidement qu'il existe beaucoup plus de teintes de couleurs que j'aurais pensé. Le choix est presque infini. Ce qui devait être une des étapes les plus simples des rénovations s'est avéré être une des plus compliquées. Nous n'arrivions pas à nous entendre sur une teinte de couleur en particulier. Après une longue séance de délibération sur le choix de la couleur de nos murs, nous avons décidé de nous rendre au magasin spécialisé le plus proche pour avoir quelques conseils sur la couleur à utiliser. La dame qui nous a accueillis nous a demandé quel genre de couleur nous voulions pour peinturer nos murs, nous avons répondu quelque chose du genre : « Nous cherchons un blanc pas trop froid. Avez-vous une teinte de blanc qui pourrait faire l'affaire ? »

Sans hésitation, la dame a répondu : « Oui bien sûr, venez avec moi, je vais vous montrer ce qui pourrait vous intéresser ». Nous étions vraiment contents, elle allait pouvoir nous aider. La dame nous a présenté une brochure remplie de différentes teintes de blanc et nous a dit : « Avec ce que vous m'avez dit, je vous suggère d'y aller avec une de ces teintes :

| | |
|---|---|
| · Blanc frais | · Amoncellement de neige |
| · Blanc sibérien | · Envolée de colombe |
| · Pierre blanche | · Mariage en blanc |

Valérie et moi n'avons pas pu nous empêcher de rire en regardant tous ces choix. Nous nous attendions à devoir choisir entre un ou deux choix, mais jamais autant. Nous n'étions pas plus avancés avec toutes ces options. C'est comme si nous retournions à la case départ. On ne savait pas plus quelle couleur choisir. Tout ce qu'on voulait, c'était un blanc pas trop froid ! Mais visiblement, notre question était beaucoup trop vague. Il existe plusieurs teintes de blanc qui ne soient pas trop froides. La qualité de notre question a directement influencé la réponse que nous avons reçue. Notre question était évasive alors la réponse que nous avons reçue était également évasive.

Chercher la volonté de Dieu ressemble souvent à ça. Nous voulons suivre Jésus et faire la volonté de Dieu, mais parfois Dieu ne semble pas répondre à nos questions. Peut-être que tu te retrouves dans une situation comme celle-ci actuellement. Par exemple, tu veux suivre Jésus et faire la volonté de Dieu, mais comment savoir si cette personne est la bonne pour toi ? Il y a tellement de *bonnes personnes* et Dieu semble être si silencieux. Tu veux suivre Jésus et faire la volonté de Dieu, mais comment savoir quel emploi choisir ? Il y a autant d'emplois que de teintes de peinture blanche. Comment faire pour être certain d'être au cœur de ce que Dieu a pour toi ? Ou comment savoir ce que Dieu t'appelle à faire exactement ? Tu veux servir le Seigneur, mais comment avoir la certitude de le servir dans le domaine précis où il t'appelle ?

Il n'y a pas toujours de versets écrits noir sur blanc pour toutes les questions que nous avons. Le nom de ton mari ou de ta femme ne se retrouvera peut-être pas dans la Bible. Ni le nom de l'université à laquelle tu devrais t'inscrire ou le nom de l'entreprise où tu devrais postuler. La volonté de Dieu semble être remplie de zones grises. Et même si nos questions sont légitimes, Dieu peut parfois sembler silencieux. Lorsque nous avons l'impression que Dieu ne répond pas à nos questions, ça peut rapidement devenir frustrant et décourageant. Ce chapitre du livre va t'aider à diriger de meilleures questions à Dieu.

Se pourrait-il que, si les réponses de Dieu semblent floues ou inexistantes, le vrai problème ne soit pas les réponses de Dieu, mais les questions que nous avons ? Dieu ne donne jamais de mauvaises réponses. Si nous avons l'impression qu'il est silencieux ou qu'il nous donne de mauvaises réponses, la seule raison est que nous ne posons pas les bonnes questions. Et si nous apprenions à nous poser des questions différentes ? Et si nous commencions à changer la manière dont cherchons la volonté de Dieu ?

J'aimerais te suggérer que le point de départ pour connaître la volonté de Dieu pour nos vies est d'apprendre à se poser les bonnes questions. Cette approche va changer complètement la manière dont nous cherchons la volonté de Dieu. Si nous posons de nouvelles questions, nous obtiendrons de nouvelles réponses.

[4] John C. MAXWELL, *Good Leaders Ask Great Questions*, Hachette Book Group, 2014, p.6

## Quoi, où, quand ?

Pratiquement toutes les questions que nous avons sur la volonté de Dieu pour nos vies ont pour but de répondre au *quoi*, au *où* et au *quand* de la volonté de Dieu. Souvent sans nous en rendre compte, toutes les réponses que nous cherchons tournent autour de ces questions. Quand l'opportunité va-t-elle arriver ? Qu'est-ce que je dois faire ? Avec qui dois-je me marier ? Où dois-je aller ? Nous voulons savoir le *quoi*, le *où* et le *quand*. Crois-moi, ces questions sont légitimes et je crois que nous devons continuer de les demander à Dieu. Il s'intéresse à toutes ces questions. Mais pour faire écho aux paroles de Jacques, si nous n'avons pas de réponse, c'est probablement parce que nous ne demandons pas de la bonne façon. Alors si nous changeons la manière dont nous demandons, nous changerons assurément la réponse que nous recevons.

*Il y a des questions qui, à travers la Bible, semblent attirer davantage l'attention de Dieu.* Dans les trois prochains chapitres, j'aimerais te suggérer trois types de questions qui semblent être centrales dans le processus de la découverte de la volonté de Dieu pour nos vies. Ces trois types de questions vont t'amener à changer la façon dont tu recherches la volonté de Dieu. Rappelle-toi, les bonnes questions t'amèneront vers les bonnes réponses.

Chapitre 3

# QUI?

Johnny Hunt

«Seigneur, garde mes yeux sur la
seule cible digne d'être atteinte:
ressembler à Jésus.»

2 Corinthiens
3.18

«Nous tous qui, sans voile sur le visage, contemplons
comme dans un miroir la gloire du Seigneur, nous sommes
transformés à son image, de gloire en gloire, par l'Esprit
du Seigneur.»

La première question que j'aimerais t'inviter à considérer est la question: *qui
deviens-tu?* Avant même de poser toutes sortes de questions spécifiques
sur nos vies et notre avenir, cette question semble être extrêmement importante pour Dieu.

Alors que nous sommes souvent focalisés sur des questions comme:
où devons-nous aller? Quand les opportunités arriveront-elles? Quelle direction devons-nous prendre? Ou, alors, est-ce que cette personne est la bonne
pour moi? Dieu nous arrête et nous invite à nous poser cette question: *qui
deviens-tu?* Dieu veut répondre à nos questions spécifiques, mais il y a un
ordre, des priorités. *Être* vient toujours avant *faire* dans notre marche de foi.
Pour Dieu, *qui tu es*, *qui tu deviens* est plus important que *ce que tu fais*.

# Pour Dieu, qui tu deviens est plus important que ce que tu fais.

Jean-Philippe
Beaudry

Ressembles-tu de plus en plus à Christ chaque jour? Dieu veut savoir: qui es-tu quand personne ne te voit? La volonté de Dieu est claire sur le fait que nous sommes appelés à nous laisser transformer par lui et continuellement aspirer à ressembler de plus en plus à Jésus.

| 1 Thessaloniciens 4.3 | «Voici ce qu'est la volonté de Dieu: c'est que vous progressiez dans la sainteté.» |
|---|---|
| Michée 6.8 | «On t'a fait connaître, homme, ce qui est bien et ce que l'Éternel demande de toi: c'est que tu mettes en pratique le droit, que tu aimes la bonté et que tu marches humblement avec ton Dieu.» |

À plusieurs endroits dans la Bible, Dieu nous révèle que de connaître et de faire sa volonté ne commence pas par le *quoi*, le *où*, ou le *quand*, mais par *qui nous devenons*. Ces versets ne sont pas des zones grises qui laissent place à l'interprétation, ce sont des versets écrits noir sur blanc. Partout où tu vois des versets commencer par «*voici la volonté de Dieu*», la Bible parle de notre caractère, de notre attitude, de notre façon de traiter les autres et de notre sanctification. Elle ne parle pas directement d'une profession à choisir, d'endroits où aller ou de qui nous devrions marier. Elle parle de *qui nous sommes*, notre caractère. Le point de départ de la volonté de Dieu est clair pour chacun d'entre nous: nous sommes tous appelés à ressembler à Christ.

Si tu cherches par où commencer pour connaître et faire la volonté de Dieu pour ta vie, commence par aspirer à être humble, rempli de compassion, aimer les gens, amener la paix autour de toi comme Jésus le faisait. Cherche à ressembler de plus en plus à Christ chaque jour. Ce serait un excellent point de départ, parce que pour Dieu, qui tu deviens a beaucoup plus d'importance que tes accomplissements: l'emploi que tu vas occuper, la carrière que tu vas mener ou la personne que tu vas marier.

## Le secret

Peut-être que tu lis ces lignes et tu te dis que, jusqu'à maintenant, ça ne t'aide pas beaucoup à trouver des réponses à toutes les questions précises que tu as pour ta vie et ton avenir. Peut-être que ce n'est pas ce à quoi tu t'attendais. Patience, on va y arriver. Il y a un ordre spécifique dans lequel Dieu nous amène à chercher et accomplir sa volonté. Il y a un processus nécessaire et ce processus commence par réaliser que Dieu s'intéresse premièrement à la personne que tu deviens.

Voici le secret de ce processus : plus je deviens comme Christ, plus je vais vouloir ce que Christ veut. Plus tu cherches à ressembler à Jésus et plus tu laisses Dieu te transformer à son image, plus tes désirs, tes aspirations et tes rêves vont naturellement s'aligner avec ceux de Dieu pour ta vie.

Plus tu aspires à ressembler à ce que Dieu t'appelle à être, plus tu vas voir les choses comme Dieu les voit, plus tu vas vouloir ce que Dieu veut et plus tu seras en mesure de discerner les priorités de Dieu. Plus tu chercheras à ressembler à Christ, plus tous les choix que tu dois faire deviendront clairs. Lorsque tu laisses Dieu te changer et te transformer à son image, ta vision des choses, des gens et de tes priorités changent. C'est inévitable. Quand qui tu es change, tout le reste va suivre. Ce n'est jamais l'inverse.

Peux-tu imaginer comment nos vies seraient différentes si on mettait autant d'énergie, de temps et d'efforts à devenir comme Jésus qu'on en mettait à chercher des réponses spécifiques sur toutes sortes de questions de nos vies ? Nos vies en seraient complètement changées. En fait, nous serions beaucoup plus en train de faire la volonté de Dieu que de la chercher.

Quand on réalise que Dieu s'intéresse beaucoup plus à qui nous devenons que ce que nous faisons, ça change complètement la manière dont on cherche la volonté spécifique de Dieu pour nos vies. Au lieu d'attendre les réponses de Dieu, souvent de manière passive, nous réalisons qu'il y a beaucoup de domaines de nos vies où Dieu nous appelle à être différents. Chercher à ressembler à Christ nous sort automatiquement de la passivité quand on cherche la volonté de Dieu. Je ne sais pas pour toi, mais je n'ai encore rencontré personne qui peut se vanter d'avoir atteint la parfaite stature de Christ ici sur cette terre. Nous avons tous du travail à faire, nous avons tous besoin de la grâce de Dieu pour nous accompagner dans notre processus de transformation.

La volonté de Dieu commence par qui nous devenons. Il n'y a rien que tu puisses faire ou accomplir qui pourrait remplacer ça. Aucun diplôme, aussi prestigieux soit-il, ne peut remplacer l'importance de qui tu deviens aux yeux de Dieu. Aucun accomplissement, même s'il s'agit de la construction d'orphelinats pour des centaines d'orphelins du tiers-monde ne pourra prendre la place de la transformation de ton cœur, de ton caractère, ton attitude et de ton comportement aux yeux de Dieu.

Si nous sommes honnêtes quelques instants, le monde est rempli de gens qui accomplissent des choses extraordinaires pour aider les autres,

Plus je deviens comme Christ, plus je vais vouloir ce que Christ veut.

Jean-Philippe
Beaudry

faire avancer la science ou la connaissance humaine sans croire en Dieu. Est-ce que leurs accomplissements veulent dire qu'ils sont au cœur de la volonté de Dieu pour leur vie ? Pas nécessairement. Clairement, ce qu'ils font est honorable et même impressionnant. Néanmoins, la volonté de Dieu ne se résume pas à faire de bonnes choses, mais beaucoup plus à devenir qui Dieu nous appelle à devenir.

La réalité est que tu pourrais accomplir plein de choses bonnes et honorables pour Dieu, mais en passant à côté de la volonté de Dieu quand même. La Parole de Dieu est claire sur le fait que l'ultime volonté de Dieu pour les croyants est que nous soyons transformés à l'image de Jésus-Christ.

## Comment j'ai choisi Valérie

L'histoire de Valérie et moi est remplie de moments drôles, parfois honteux (pour moi) et parfois croustillants. Tu le découvriras tout au long du livre. L'histoire commence alors que j'avais vingt ans et j'étais dans une saison de ma vie où je me sentais prêt à être en couple et éventuellement à me marier (comme la très grande majorité des jeunes âgés d'une vingtaine d'années). J'étais étudiant, je servais à l'église et il me semblait que tout ce qu'il me manquait était une femme dans ma vie. Tous les célibataires disent… amen !

Valérie et moi fréquentions la même église et nous avions beaucoup d'amis en communs. Régulièrement après l'église le vendredi soir, nous nous retrouvions au restaurant avec des amis. C'est surtout là qu'on a commencé à se parler. Valérie était le genre de fille que tous les gars auraient rêvé de fréquenter. Elle était brillante, ambitieuse et beaucoup trop belle pour moi. Comme je n'avais pas envie de perdre mon temps ni de lui faire perdre son temps, je priais que Dieu me montre si Valérie était ma femme. Je priais pour un signe clair. Est-ce que ça t'arrive de prier pour un signe clair comme un arc-en-ciel ou quelque chose du genre ? Alors que je priais pour un signe clair, j'ai pris ma bonne vieille Bible papier et j'ai fait tourner les pages pour les arrêter au hasard à un endroit. Incroyable ! Je n'en revenais pas ! Chaque première lettre des premières lignes avait les lettres : v-a-l-é-r-i-e ! C'est à ce moment-là que j'ai su que c'était elle.

Bien sûr, ce n'est pas comme ça que c'est arrivé. En revanche, j'aurais vraiment aimé ça. Si tu te poses vraiment la question, le mot v-a-l-é-r-i-e n'était pas écrit dans ma Bible. Crois-moi, je l'ai cherché. Ne me juge pas trop vite, tu n'as jamais fait ça toi : tourner ta Bible au hasard et mettre ton doigt quelque part en espérant que le verset coordonne miraculeusement avec ta situation ?

Savez-vous comment j'ai choisi de commencer à fréquenter Valérie ? Non, ce n'est pas par un verset au hasard ou parce que son nom était écrit en forme de nuage dans le ciel. J'étais attiré par Valérie, par *qui* elle était, sa personne. Déjà à l'époque, Valérie représentait *pour* moi ce qu'est une femme de Dieu. Plus j'apprenais à la connaître, plus je me disais : «c'est une femme de Dieu !» Si tu es célibataire et que tu lis ces lignes, voici un petit conseil : si tu deviens la bonne personne, tu vas attirer la bonne personne.

Pourquoi je te raconte cet épisode de ma vie ? Parce que ce qui m'attirait le plus chez Valérie n'était pas ses accomplissements, ses diplômes ou sa beauté, mais *qui* elle était. Selon ce qu'on peut découvrir dans la Bible, c'est la même chose pour Dieu. Ce qui attire le plus Dieu par-dessus tout le reste, c'est *qui* nous devenons.

Avant de continuer ta lecture, prends quelques instants pour demander à Dieu comment tu pourrais lui ressembler davantage dans ton caractère, tes attitudes, tes réactions ou encore dans tes priorités. Mets toutes tes autres questions, tes inquiétudes et dilemmes de côté pendant un moment et concentre-toi sur la personne que tu deviens. Est-ce que tu ressembles de plus en plus à Jésus ? C'est le point de départ de la découverte de la volonté de Dieu pour ta vie.

**Chapitre 4**

# POURQUOI ?

| | |
|---|---|
| Jean-Philippe Beaudry | « Tu peux plaire aux gens par ce que tu fais, mais tu vas plaire à Dieu avec les raisons pour lesquelles tu le fais. » |
| Jean 5.30 | « Je ne cherche pas à réaliser mes propres désirs, mais à faire la volonté de celui qui m'a envoyé. » |

La deuxième question que j'aimerais t'inviter à considérer, est la question de *pourquoi* tu fais certaines choses ? Ou *pourquoi* tu aspires à certaines choses ? Cette question t'amènera à découvrir ou remettre en question le motif derrière ce que tu fais ou ce à quoi tu aspires.

Depuis le chapitre précédent, nous savons que pour Dieu, qui nous devenons est plus important que ce que nous faisons. La personne que nous devenons est ce qui a de la valeur aux yeux de Dieu. Bien avant tout ce que nous pourrions faire pour lui. Mais, la volonté de Dieu ne s'arrête pas seulement à devenir comme Jésus. La Bible est claire sur le fait que Dieu veut utiliser chaque personne pour accomplir des choses pour sa gloire et bâtir son Royaume. En d'autres mots, Dieu nous appelle à *être* comme Jésus premièrement, pour *faire* des choses pour sa gloire ensuite. Pour Dieu, *être* vient toujours avant *faire*, jamais l'inverse. Ce chapitre focalise sur le *faire*, plus précisément sur le pourquoi nous faisons ou aspirons à certaines choses.

Lorsque nous lisons les différents textes bibliques qui traitent du sujet, le *pourquoi* nous voulons faire ces choses semble encore plus important pour Dieu que faire des choses pour lui en tant que tel. Ce qui signifie que le motif qui se trouve derrière l'action, passe en fait avant l'action elle-même.

| Proverbes 16.1–2 | «L'homme fait des projets, mais celui qui a le dernier mot, c'est l'Éternel. Toutes les voies d'un homme sont pures à ses yeux, mais c'est l'Éternel qui juge les motivations.» |
|---|---|

Ce verset des Proverbes est un des passages les plus connus sur le sujet. L'auteur met en lumière qu'il y a quelque chose qui semble être encore plus important pour Dieu que les projets que nous pouvons avoir : la motivation derrière le projet. Dieu n'est pas contre l'idée que nous ayons des projets, bien au contraire! Mais ce verset nous montre que Dieu semble s'intéresser particulièrement aux motifs qui se trouvent derrière nos projets. Ce n'est pas une exception, il s'agit plutôt d'un principe qu'on retrouve d'un couvert à l'autre de la Bible. L'apôtre Paul a écrit ceci dans une lettre aux Galates :

| Galates 1.10 | «Maintenant, est-ce la faveur des hommes que je recherche ou celle de Dieu? Est-ce que je cherche à plaire aux hommes? Si je plaisais encore aux hommes, je ne serais pas serviteur de Christ.» |
|---|---|

Il y a un principe tellement important dans ce court verset. Il faut absolument bien comprendre le contexte pour saisir l'ampleur de ce que Paul enseigne. Paul, qui était un pasteur, auteur, prédicateur et implanteur d'églises, se prend lui-même en exemple en contestant les motifs qui sont derrière tout ce qu'il fait. Qu'est-ce qui motive son ministère? Pourquoi fait-il ce qu'il fait? L'apôtre se pose des questions pour exposer les motivations derrière son ministère. Cherche-t-il l'approbation de Dieu ou des gens? Est-ce qu'il désire plaire aux gens ou à Dieu? La réponse à ces questions expose ce qui motive ses actions. Il affirme quelque chose de surprenant : «*Si je plaisais encore aux hommes, je ne serais pas serviteur de Christ*». Paul est en train de dire que s'il prêchait et implantait des églises dans le but de plaire aux hommes, il ne se considérerait même pas comme un serviteur de Christ. En d'autres termes, si le motif

43

Tu peux plaire aux gens par ce que tu fais, mais tu vas plaire à Dieu avec les raisons pour lesquelles tu le fais.

Jean-Philippe
Beaudry

derrière ce qu'il fait est d'avoir l'approbation des gens et non de Dieu, ce qu'il fait ne serait pas considéré comme servir Dieu. C'est toute une affirmation! Paul est en train d'enseigner un principe déterminant dans notre recherche de la volonté de Dieu pour nos vies. L'auteur de la lettre aux Romains est en train d'affirmer que pour le Seigneur, «pourquoi» tu fais une chose est plus important que simplement «faire» cette chose en soi. Tu peux plaire aux gens par ce que tu fais, mais tu vas plaire à Dieu avec les raisons pour lesquelles tu le fais.

## Le bon quoi, *mais le mauvais* pourquoi

Selon Paul, il est possible d'avoir le bon *quoi* (prêcher l'évangile et implanter des églises), mais aussi le mauvais *pourquoi* (chercher l'approbation et la faveur des gens). Paul pousse le principe encore plus loin en affirmant que si son motif premier est d'obtenir la faveur des gens, il ne se considère même pas serviteur de Christ. Comment est-ce possible de ne pas être serviteur de Christ en prêchant l'évangile et en implantant des églises? Comment être hors de la volonté de Dieu en faisant ces choses? La question a son importance, au moins autant que sa réponse: parce que la volonté de Dieu ne se résume pas seulement à faire et accomplir des choses pour lui. Les motifs pour lesquels nous le faisons sont encore plus importants.

En d'autres mots, selon Paul, si tu as le bon *quoi*, mais le mauvais *pourquoi*, tu seras hors de la volonté de Dieu. *Ouch*. Un prédicateur qui prêche pour avoir l'approbation et la reconnaissance des gens ne serait pas pleinement dans la volonté de Dieu parce que le motif derrière ce qu'il fait n'est pas le bon. À l'inverse, un mécanicien qui répare des voitures avec intégrité et qui fait son travail en cherchant l'approbation de Dieu pourrait marcher pleinement dans la volonté de Dieu. L'apôtre renforce ce principe en renchérissant dans une lettre qu'il a écrit aux Colossiens:

| Colossiens 3.17 | «Et quoi que vous fassiez, en parole ou en acte, faites tout au nom du Seigneur Jésus en exprimant par lui votre reconnaissance à Dieu le Père.» |
|---|---|

Paul affirme que peu importe ce que nous faisons, ce qui compte vraiment est le motif derrière. En lisant Paul, il ne semble pas accorder beaucoup d'importance à ce qu'on pourrait faire, le *quoi*. Selon lui, peu importe ce que nous faisons, nous pouvons nous trouver au milieu de la volonté de Dieu si nous le faisons pour glorifier Dieu. Si nous le faisons pour les bonnes raisons, parce que Dieu voit au cœur. Ce principe devrait complètement changer la façon dont nous voyons nos emplois, nos études et notre quotidien. Le *pourquoi* est plus important que le *quoi*. La volonté de Dieu est beaucoup plus reliée aux motifs derrière ce qu'on fait que ce qu'on fait en soi. La dimension libératrice dans ce principe réside dans le fait que la volonté de Dieu ne se trouve pas dans un ou quelques domaines d'activité précis. Je m'explique. Pas besoin d'être pasteur, de prêcher ou de diriger la louange pour être au cœur de la volonté de Dieu pour ta vie. Paul affirme que peu importe ce qu'on fait, on peut se trouver dans sa volonté. Souvent, nous avons tendance à voir les pasteurs, les prédicateurs et les directeurs de louange comme ceux qui sont réellement au cœur de la volonté de Dieu parce qu'ils sont «dans le ministère». Comme s'il y avait deux niveaux à la volonté de Dieu : ceux qui servent dans l'église et tous les autres. Paul vient balayer du revers de la main cette conception. Le ministère est quelque chose qui se vit au quotidien, dans tous les milieux et dans tous les domaines. Le ministère devient quelque chose d'universel et non de réservé à quelques-uns.

L'apôtre Paul affirme que peu importe ce qu'on fait, que ce soit dans l'église ou hors de l'église, nous pouvons être au cœur de la volonté de Dieu. Tu peux être comptable, dentiste, policier ou enseignant et te trouver en plein milieu de la volonté de Dieu pour ta vie. *Tout est une question de motifs.*

## Le pourquoi *avant le* quoi

Selon ce qu'on peut apprendre à travers les différents principes bibliques, la volonté de Dieu semble commencer par le *pourquoi* et non le *quoi*. La motivation avant l'action. Le motif derrière l'activité. Cette approche est contre-intuitive pour notre génération. Nous avons naturellement la tendance inverse : trouver le *quoi* et après le *pourquoi*. Ce qui est vu au détriment de ce qui ne l'est pas.

«*Seigneur, qu'est-ce que tu m'appelles à faire ? Quel projet je devrais entamer ? Où m'appelles-tu à aller ?*» Les réponses à ces questions te donneront le *quoi*. Une chose à faire, un endroit à aller, un emploi à choisir ou un département de l'église dans lequel servir. Ces questions sont de bonnes questions à se poser. Elles sont même déterminantes. Mais j'aimerais te suggérer qu'elles ne devraient pas être les premières questions à se poser. Avant de chercher le *quoi*, nous devrions commencer par nous demander si nous avons le bon *pourquoi*.

Jésus a dit : «Je ne cherche pas à réaliser mes propres désirs, mais à faire la volonté de celui qui m'a envoyé[5].» Qu'est-ce qui motivait Jésus ? Quel était son *pourquoi* ? Plaire aux autres ? Non. Être populaire ? Non. Faire de l'argent? Non plus. Avoir du succès selon les standards de la société? Non. Ce qui motivait Jésus répondait avant tout du désir de faire la volonté de son Père. La très grande majorité des croyants veulent être utilisés de Dieu, mais peu investissent autant de temps et d'énergie à trouver le bon *pourquoi* qu'ils en mettent pour trouver le bon *quoi*.

Toi, qu'est-ce qui te motive? Quel est ton *pourquoi*? Ce livre va te donner des outils pour t'aider à découvrir la volonté de Dieu pour ta vie. Cependant, tu dois commencer par réaliser que *qui* tu deviens est plus important pour Dieu que ce que tu peux faire pour lui, mais également que les raisons pour lesquelles tu fais ce que tu fais sont plus importantes que simplement faire cette chose. Dieu veut ton cœur avant tout le reste.

Avant de poursuivre ta lecture, je t'invite à faire l'exercice que le roi David, auteur d'une grande partie des Psaumes dans la Bible et le plus grand roi de l'histoire d'Israël, a fait lui-même: demander à Dieu de sonder ton cœur et de mettre à l'épreuve tes motifs.

| Psaumes 139.23 | «Sonde-moi, ô, Dieu, et connais mon cœur, mets-moi à l'épreuve et connais mes pensées!» |

Ce qui devrait nous motiver plus que toute autre chose, c'est que peu importe le *quoi* que nous fassions, ce qui en nos vies glorifie Dieu, c'est le *pourquoi*, les raisons. Faire la volonté de Dieu va beaucoup plus loin que seulement faire des choses pour Dieu. C'est de faire ce que le Seigneur veut qu'on fasse pour les bonnes raisons.

# Chapitre 5

# COMMENT?

| Henry Blackaby | «Le plus grand défi n'est pas de connaitre la volonté de Dieu, mais de mettre en pratique ce qu'il nous demande.» |
|---|---|
| Deutéronome 29.29 | «Ce qui est caché est réservé à l'Éternel notre Dieu. Par contre, nous sommes concernés pour toujours par ce qui a été révélé, par toutes les paroles de cette Loi qu'il nous faut appliquer.» |

J'aimerais te suggérer une dernière question à te poser pour bien saisir ce qu'est la volonté de Dieu. Si tu prends cette question au sérieux, elle pourrait révolutionner la manière dont tu cherches la volonté du Seigneur pour ta vie. La question est simple : *Comment mets-tu en pratique la volonté de Dieu, celle que tu connais déjà ?* Peut-être que tu l'ignorais, mais Dieu t'a déjà révélé une très grande portion de sa volonté pour ta vie.

La volonté de Dieu spécifique pour nos vies pourrait se diviser en deux grandes catégories : *la volonté révélée et la volonté non révélée*. La portion révélée fait référence aux instructions que Dieu nous a laissées dans sa Parole. La Bible en est remplie et il suffit de l'ouvrir pour découvrir cette volonté révélée.

Lorsque nous parlons de la volonté de Dieu, nous parlons généralement de la portion non révélée. C'est-à-dire la portion qui ne se retrouve pas noir sur blanc dans la Bible. C'est cette portion qui nous intéresse le plus parce que la très grande majorité du temps, lorsque nous cherchons la volonté de Dieu pour nos vies, nous la cherchons pour les choses qui nous sont cachées, que nous ne connaissons pas encore. Que ce soit pour nos relations, notre avenir ou lorsque nous avons à prendre des décisions.

L'erreur que nous faisons souvent est de tellement nous concentrer sur la portion non révélée de la volonté de Dieu que *nous oublions la portion déjà révélée*. La Bible contient déjà une grande quantité d'informations sur la volonté de Dieu que nous pouvons appliquer immédiatement dans nos vies.

## La lampe magique

Si on est honnête quelques instants, nous cherchons la volonté de Dieu un peu comme si les réponses à nos questions allaient sortir d'une lampe magique. Un peu comme si on espérait que Dieu puisse nous donner des réponses sur demande. On fait une prière, on lit quelques versets et la direction divine qu'on a besoin devrait apparaitre. Si tu es croyant depuis un peu plus de quelques minutes, tu sais que ce n'est pas aussi simple. Pourtant, c'est souvent comme ça qu'on voudrait que ce soit.

On pourrait passer toute notre vie à demander à Dieu de nous révéler sa volonté pour toutes les questions et les circonstances de nos vies, la portion cachée de sa volonté, et en même temps, passer complètement à côté de la portion de sa volonté qu'il nous a déjà révélée. J'aimerais même te suggérer que la seule manière de connaître la portion non révélée de la volonté de Dieu pour nos vies est de s'efforcer à mettre en pratique la portion déjà révélée de sa volonté.

Je te pose la question à nouveau : comment mets-tu en pratique la portion de la volonté de Dieu qu'il t'a déjà révélée ?

## Le mode d'emploi

La Bible est la seule source fiable, certaine et explicite de la volonté de Dieu que nous avons. Ce livre est un mode d'emploi que Dieu nous donne. J'aimerais te suggérer que la volonté de Dieu s'éclaircit beaucoup en cherchant premièrement à suivre le mode d'emploi que Dieu nous a laissé. La volonté de Dieu possède une portion claire et sans équivoque, une volonté que tu retrouves noir sur blanc dans le mode d'emploi que Dieu nous a laissé : la Bible.

Les modes d'emploi sont importants. Par exemple, qui voudrait se lancer dans l'assemblage d'un meuble Ikea sans mode d'emploi ? Absolument personne. Même avec un mode d'emploi, l'assemblage d'un meuble Ikea est un défi. Sans mode d'emploi, c'est une mission impossible. Si un meuble est assemblé sans mode d'emploi, il ne ressemblera peut-être pas à ce à quoi il doit ressembler et il ne sera certainement pas aussi solide qu'il devrait l'être. Personne ne voudrait assembler un meuble Ikea sans suivre le mode d'emploi.

Pourtant, lorsqu'il est question de bâtir leur vie et de chercher la volonté de Dieu, beaucoup de gens sont prêts à se lancer sans suivre le mode d'emploi que Dieu nous a laissé. Alors que nous cherchons des réponses aux *quoi*, *où* et *quand* de nos vies, Dieu nous pose la question : comment appliques-tu la portion de ma volonté que tu connais déjà? Est-ce que tu commences par suivre le mode d'emploi que je t'ai laissé?

C'est un principe que tu retrouveras partout dans la Bible : comment tu appliques ce que Dieu t'a déjà révélé est tout aussi, sinon plus, important que de chercher la volonté de Dieu que tu ne connais pas encore. Regarde ce passage du livre de Deutéronome :

| | |
|---|---|
| Deutéronome 29.29 | «Ce qui est caché est réservé à l'Éternel notre Dieu. Par contre, nous sommes concernés pour toujours par ce qui a été révélé, par toutes les paroles de cette Loi qu'il nous faut appliquer.» |

Clairement, il y a une portion de la volonté de Dieu que tu ne trouveras pas écrite noir sur blanc dans la Bible, c'est la portion cachée. Par contre, l'auteur du livre de Deutéronome affirme que la volonté de Dieu ne se limite pas à la portion cachée : il y a une portion révélée qu'il nous faut appliquer. Il y a une facette de la volonté de Dieu que nous devons nous efforcer à vivre.

Pour l'instant, il y a une large portion de ton avenir et une large portion des décisions que tu dois prendre qui est encore cachée. Est-ce que Dieu veut te diriger dans tout ça? Absolument! Tout au long du livre tu trouveras des principes pour t'aider à découvrir la volonté de Dieu pour ta vie. Mais, la découverte de la volonté cachée de Dieu ne devrait jamais se faire au détriment de l'application de la volonté révélée du Seigneur. J'aimerais même te suggérer que la seule façon de toujours t'assurer de marcher au cœur de la volonté de Dieu dans ta vie est d'appliquer la portion de la volonté de Dieu que tu connais. Par exemple, je n'ai aucune idée où je serai dans 5 ans et, comme toi probablement, j'ai beaucoup de questions reliées à mon avenir, mais lorsque je prends ma Bible, la portion révélée de la volonté de Dieu, je réalise assez rapidement que je n'ai pas encore fait le tour de tout ce que Dieu m'appelle à être, à faire et à changer maintenant.

Si je m'efforce d'appliquer et de suivre le mode d'emploi que Dieu m'a laissé, la Bible, je ne pourrai jamais me retrouver hors de sa volonté pour ma vie.

L'idée n'est pas seulement de découvrir la volonté de Dieu que tu ne connais pas, mais d'appliquer la volonté de Dieu que tu connais déjà.

Jean-Philippe
Beaudry

## Tout est dans l'application

La question de ce chapitre est la suivante : comment appliques-tu la portion de la volonté de Dieu que tu connais ? La question n'est pas : quel est ton niveau de connaissance sur la portion de la volonté de Dieu que tu connais ? Il y a une très grande différence qui se joue entre la connaissance et l'application.

Vivre dans la volonté de Dieu ne se limite pas seulement à connaître des choses sur Dieu ou de savoir les principes selon lesquels Dieu nous appelle à vivre. Pour vivre dans la volonté de Dieu, nous devons *appliquer et vivre* ces principes. La clef réside dans l'application. Tu pourrais connaître les 5 clefs du pardon, mais la volonté de Dieu ne se trouve pas seulement dans le fait que tu les connaisses. Tu dois pardonner en les mettant en pratique. Tu aurais beau connaître les 8 promesses de Dieu pour la personne généreuse, tu ne seras pas dans la volonté de Dieu tant que tu ne donneras pas de tes ressources. La volonté de Dieu ne se limite pas à la connaissance, elle doit se traduire par une application dans nos vies. Notre prière devrait être : «Seigneur, je ne veux pas seulement connaître ta volonté, je veux la vivre, l'appliquer dans ma vie !»

Tu auras beau être un expert dans le domaine de la peinture, tout connaître sur les teintes de couleurs et les techniques d'application, de posséder des pots de peinture de la meilleure qualité, si tu n'ouvres pas les pots et si tu n'appliques pas la peinture, tes murs ne changeront jamais de couleur. C'est la même chose pour la volonté de Dieu pour ta vie. Tu aurais beau connaître tous les principes par cœur et avoir une connaissance de ce que le Seigneur enseigne au-delà de la moyenne des gens, ta vie ne changera pas tant que tu n'appliqueras pas ces principes. Rien ne va changer tant que tu n'appliqueras pas ce que tu connais. Tout est dans l'application !

Peut-être que tu cherches la volonté de Dieu pour ton futur mariage. Continue de prier et de chercher la direction de Dieu. Mais ne te limite pas à ça. Commence à appliquer maintenant la volonté de Dieu pour le mariage. Vis avec pureté, sois fidèle, mets Dieu au centre de ta vie *maintenant*, fais-lui confiance et il te dirigera.

Peut-être que tu cherches la volonté de Dieu concernant ta carrière. Tu as plein de questions et tu attends une direction de Dieu. Je t'encourage à continuer de prier et de chercher la volonté de Dieu, mais ne t'arrête pas là. Applique la portion de la volonté qui est dans le mode d'emploi : Vis avec intégrité, honore tes supérieurs maintenant, travaille fort, sois fidèle dans les fonctions que tu occupes actuellement et fais confiance que Dieu va te diriger.

On devrait passer plus de temps à appliquer la volonté de Dieu qu'on connaît, que d'essayer de découvrir la volonté de Dieu qu'on ne connaît pas.

Jean-Philippe
Beaudry

# Section N°2

# Zones Grises
# LA VISION

# Chapitre 6

# LA PUISSANCE D'UN VISON

| | |
|---|---|
| Craig Grœschel | « Tout le monde fini quelque part, mais peu de personnes finissent quelque part intentionnellement. » |
| Habacuc 2.2–3 | « L'Éternel m'a répondu et a dit : "Mets la vision par écrit, grave-la sur des tables afin qu'on la lise couramment. En effet, c'est encore une vision qui concerne un moment fixé ; elle parle de la fin et ne mentira pas. Si elle tarde, attends-la, car elle s'accomplira, elle s'accomplira certainement." » |

À partir de cette section du livre, nous entrons dans le vif du sujet : comment fait-on pour non seulement découvrir la volonté de Dieu mais aussi l'appliquer concrètement dans notre vie aujourd'hui ? Comment être certain que mon quotidien, mes décisions et mes priorités sont alignés avec ce que le Seigneur veut pour ma vie ? Nous allons tenter de trouver des réponses à ces questions.

## Ma première conférence

Il y a plusieurs années, je me trouvais à une conférence où des dizaines de pasteurs et leaders du Québec étaient rassemblés pour le temps d'une fin de semaine. C'était la première fois que j'assistais à ce genre de rassemblement en tant que pasteur. J'étais excité, très excité. Carnet de notes neuf et café à la main, j'étais prêt pour ce week-end. J'étais très motivé par la chance de rencontrer autant d'hommes et de femmes de Dieu, de pouvoir échanger avec eux et surtout apprendre de leurs expériences.

Le premier matin de la conférence, tout juste avant que la première réunion commence, je me suis joint à un groupe de pasteurs et leaders de différents ministères jeunesse qui discutaient de leurs groupes de jeunes respectifs. À l'époque, je n'avais que quelques semaines d'expérience dans mon nouveau rôle de pasteur, alors je me contentais de les écouter et de poser des questions. La discussion a tranquillement dévié sur le sujet de la vision. Chacun s'est mis à élaborer sur la vision qu'ils avaient pour leur ministère et pour leur propre vie. Plus je les écoutais, plus un sentiment de malaise m'envahissait. Alors que je me trouvais parmi eux, je me suis dit à moi-même : « J'ai un problème. Je n'ai pas de vision ! » Je les entendais décrire leurs visions et raconter en détail comment ils les avaient reçues et je commençais à me sentir comme le mouton noir du groupe. J'étais littéralement l'imposteur de cette conférence. Je me disais en moi-même : « Tout le monde a une vision sauf moi ! » As-tu déjà connu ce sentiment ? Tu écoutes des gens parler ou tu regardes le fil de nouvelles de différentes personnes sur tes réseaux sociaux et tu as l'impression qu'ils ont compris quelque chose que tu n'as pas encore compris. C'était exactement ce que j'ai vécu à ce moment-là. La seule vision que j'avais pour mon ministère était d'avoir quelque chose à dire (prêcher) pour la semaine prochaine et d'arriver à bien gérer toutes mes nouvelles responsabilités. Autant dire que je n'aurais impressionné personne avec ce genre de vision.

J'espérais de tout cœur que personne ne se tourne vers moi pour me demander quelle était ma vision parce que je n'avais rien à dire. Alors qu'ils continuaient d'échanger sur leurs visions, je priais intensément que la réunion commence, que l'alarme d'incendie se déclenche ou que Jésus revienne, n'importe quoi qui aurait pu mettre fin à cette conversation. Rien de tout ça n'est arrivé, malheureusement ou heureusement. Alors, j'ai sorti l'excuse qui passe toujours bien lorsque vous voulez sortir d'une conversation : je suis allé aux toilettes. Alors que j'étais seul, je me suis regardé dans le miroir et je me suis dit : « Seigneur, je n'ai pas de vision ! Donne-moi une vision ! »

Je n'ai que quelques souvenirs vagues du reste de la conférence. Pendant toute la fin de semaine, une question occupait mes pensées : Quelle est la vision de Dieu pour ma vie ?

## As-tu une vision pour ta vie?

Aujourd'hui, quelques années après cette fin de semaine de conférence, j'ai pu constater que je n'étais pas seul à ne pas connaitre la vision de Dieu pour ma vie. En fait, j'ai rapidement réalisé que la majorité des personnes (jeunes et moins jeunes) avancent dans la vie sans avoir de vision pour leur vie ou de but pour leur existence. Ils avancent en tentant de faire quelque chose qu'ils aiment, cherchant le bonheur à gauche et à droite en espérant que demain sera meilleur qu'aujourd'hui. Sans vision, sans direction et sans passion. Sans avoir une idée de ce que Dieu voudrait faire avec leur vie. Et c'est là, selon moi, que se joue une tragédie. En fait, je dirais même qu'il sera impossible de marcher dans les plans de Dieu pour nos vies sans vision. C'est important à ce point-là. Nous ne pourrons pas marcher dans la voie que le Seigneur a prévue pour nous sans avoir la vision de Dieu pour nous. La Bible dit que la vision n'est pas optionnelle, mais qu'elle est nécessaire pour expérimenter la vie que Dieu a pour nous.

| | |
|---|---|
| Proverbes 29.18 | «Lorsqu'il n'y a pas de vision, le peuple ne connait aucune retenue.» |

La vision que Dieu veut nous révéler est vitale parce qu'elle vient nous donner la perspective de Dieu pour nos vies. Le Seigneur ne voit pas les choses, les gens et notre futur comme nous le voyons. Sa perspective est complètement différente de la nôtre. Son désir est de nous révéler sa vision pour que nous puissions vivre nos vies selon sa perspective et non la nôtre.

En nous révélant sa vision pour nos vies, Dieu veut nous amener à voir les choses, pas seulement pour ce qu'elles sont, mais pour ce qu'elles peuvent devenir. Il veut nous amener à voir les autres, pas seulement pour qui ils sont, mais ce qu'ils peuvent *devenir*.

Il en est de même pour ta propre vie. Dieu ne te voit pas seulement pour qui tu es actuellement. Dieu te voit également pour *qui tu peux devenir*.

## La statue d'Abraham Lincoln

Si un jour tu vas visiter le Capitole à Washington, tu y verras certainement une sculpture spectaculaire d'Abraham Lincoln. Elle a été sculptée à partir d'un immense bloc de marbre par l'artiste de renommée mondiale Gutzon Borglum en 1908. Le résultat final pèse près de 400 livres !

La vue te permet de voir les choses telles qu'elles sont, mais la vision te permet de les voir pour ce qu'elles peuvent devenir.

Jean-Philippe
Beaudry

Lorsque l'artiste racontait le processus créatif derrière son œuvre, il y associait toujours une histoire qui impliquait la dame qui venait faire le ménage quotidiennement dans son atelier de travail. Chaque soir, cette dame venait nettoyer l'atelier de M. Borglum. Évidemment, pendant les semaines durant lesquelles l'artiste travaillait sur sa sculpture, il y avait des petits débris de marbre partout sur le plancher. La dame raconte qu'elle n'avait aucune idée de ce que M. Borglum était en train de sculpter. Elle confesse même que, pendant des semaines, elle trouvait que la sculpture ne ressemblait à rien. Elle n'avait aucune idée de ce que cette sculpture allait bien pouvoir être.

Un soir, alors qu'elle venait faire le ménage comme à son habitude, elle fut sidérée devant la statue! Elle reconnut Abraham Lincoln! Elle se dépêcha d'aller voir M. Borglum pour lui demander : «Comment saviez-vous qu'Abraham Lincoln se cachait derrière ce bloc de marbre?» C'est la puissance d'une vision.

La dame voyait le bloc de marbre pour ce qu'il était, mais Gutzon Borglum le voyait pour ce qu'il pouvait devenir. Il avait une vision qui s'inscrivait dans le bloc de marbre. C'était le même bloc de marbre, le même processus, mais il voyait les choses différemment.

J'aimerais te suggérer que Dieu a une vision pour ta vie de la même manière que Gutzon Borglum avait une vision de sa sculpture. Il ne voit pas ta vie seulement pour ce qu'elle est présentement, mais pour ce qu'elle pourrait devenir si tu lui fais confiance et que tu le suis dans ce qu'il a prévu pour toi.

## Un Dieu de vision

Je crois de tout mon cœur que le Dieu de la Bible est un Dieu de vision. En fait, il est impossible de lire la Bible et ne pas réaliser que Dieu désire donner et révéler des visions à ceux qui le suivent. D'un bout à l'autre de la Bible, Dieu nous communique son désir de nous révéler des visions personnelles pour nos vies.

| Joël 3.1 | «Dans les derniers temps, je déverserai mon Esprit sur tout être humain; vos fils et vos filles prophétiseront, vos vieillards auront des rêves, et vos jeunes gens des visions.» |
|---|---|

Ce petit verset qui figure dans le livre de Joël nous démontre qu'il n'est jamais ni trop tôt ni trop tard pour recevoir un vison de Dieu. La vision n'a pas d'âge pour Dieu et surtout, il n'exclut personne. L'intention de Dieu est universelle afin que tout le monde puisse découvrir la vision qu'il a pour eux.

Chacun peut découvrir la vision de Dieu pour sa vie. Sans exception. Ceux qui ont des talents particuliers ou ceux qui formeraient un genre d'élite spirituelle ne sont pas seulement ceux qui peuvent recevoir une vision et une direction précise de la part de Dieu. C'est pour toi et moi aussi. C'est pour tout le monde! La Bible est très claire sur le fait que tu as été créé par Dieu pour une destinée que seulement toi peut expérimenter. Bien avant que tu viennes au monde, Dieu te connaissait et il avait une vision pour ta vie. Une vision que personne d'autre que toi ne peut accomplir. Si tu lis ces lignes et que tu n'as aucune idée de la vision de Dieu pour ta vie, je prie que les prochaines pages éveillent en toi le désir d'aller devant le Seigneur et de rechercher sa volonté, sa vision et sa direction pour ta vie.

Le Dieu de la Bible est un Dieu de vision et il désire te la révéler.

## La vision de Joseph

Une de mes histoires préférées de la Bible est l'histoire de Joseph. Son histoire se trouve dans le premier livre de la Bible : la Genèse. J'aime cette histoire parce qu'elle me rappelle que Dieu peut utiliser n'importe qui pour accomplir de grandes choses. Au moment où nous trouvons Joseph, il est un jeune adulte de 17 ans. Il est le onzième et plus jeune fils de Jacob et la situation familiale est, pour le moins qu'on puisse dire, compliquée. Jacob a eu des enfants avec quatre femmes différentes et Joseph cohabite avec ses frères et demi-frères. Comme quoi, les familles recomposées ne datent pas d'hier. Comme si la situation familiale n'était pas déjà assez délicate, Joseph était le fils préféré de son père. Peux-tu t'imaginer la dynamique relationnelle entre Joseph et ses frères? C'est dans cette atmosphère que nous retrouvons Joseph et l'extraordinaire destinée que Dieu avait pour lui.

La vie de Joseph bascule brusquement lorsqu'il reçoit un rêve, une vision de la part de Dieu. Il s'agit de l'élément déclencheur de sa destinée. Sa vie ne sera plus jamais la même après ce moment. La vision de Dieu pour Joseph est des plus surprenante.

| Genèse 37.5–7 | «Joseph fit un rêve, et il le raconta à ses frères qui le détestèrent encore plus. Il leur dit : " Écoutez donc le rêve que j'ai fait ! Nous étions en train d'attacher des gerbes au milieu des champs, et voici que ma gerbe s'est dressée et est même restée debout. Vos gerbes l'ont alors entourée et se sont prosternées devant elle. "» |

Ne faisant rien pour améliorer sa relation avec ses frères, Joseph leur raconte le rêve qu'il a fait en s'assurant de mentionner que, dans son rêve, ses frères allaient se prosterner devant lui. Ceux-ci, qui étaient déjà jaloux du traitement que leur père réservait à Joseph, se mirent à le détester encore plus. Que voulait bien dire cette vision? En résumé, ce rêve signifiait que Joseph allait devenir le gouverneur de toute l'Égypte! À première vue, c'est un rêve impressionnant, mais l'ampleur du rêve est exponentielle lorsque nous comprenons le contexte. Joseph provenait d'une famille simple vivant dans le désert. Il n'y avait aucune chance qu'il puisse devenir le gouverneur de toute l'Égypte. Il est important de comprendre qu'à l'époque, l'Égypte était la première puissance mondiale au niveau politique et économique. Comment un petit garçon, qui n'est pas d'origine égyptienne, pourrait-il devenir le numéro deux de la plus grande puissance mondiale? Avec un regard humain, cela semble impossible, mais aux yeux de Dieu, c'est une tout autre histoire.

C'est la puissance d'une vision qui vient de Dieu. Il n'y a rien ni personne qui peut empêcher le Seigneur d'accomplir la vision qu'il a pour toi, aussi absurde que cela puisse paraître au premier abord. Si Dieu a pu prendre un petit garçon vivant au milieu du désert pour l'amener à diriger la première puissance mondiale de son époque, il n'y a pas de limites à ce qu'il peut faire avec ta vie.

## Chapitre 7

# RÉVÉLATION

Jean-Philippe Beaudry

«Le rêve de Dieu pour ta vie est infiniment plus grand et plus glorieux que n'importe quel rêve que tu pourrais avoir pour ta propre vie.»

1 Corinthiens 2.9–10

«Mais, comme il est écrit, ce que l'œil n'a pas vu, ce que l'oreille n'a pas entendu, ce qui n'est pas monté au cœur de l'homme, Dieu l'a préparé pour ceux qui l'aiment. Or, c'est à nous que Dieu l'a révélé, par son Esprit, car l'Esprit examine tout, même les profondeurs de Dieu.»

Je crois que la plupart d'entre nous sont d'accord que d'avoir une vision est important pour notre avenir. Dans toutes les discussions que j'ai pu avoir au fil des années avec des personnes dans l'église sur le sujet de la volonté de Dieu, je ne me rappelle pas d'avoir discuté avec quelqu'un qui ne trouvait pas important de découvrir la vision de Dieu pour sa vie. En revanche, une question revenait presque à chaque fois: «Comment puis-je être certain que la vision que j'ai vient de Dieu?» Peut-être que, comme moi, il est tout à fait normal que tu te sois déjà posé cette question.

L'histoire de Joseph nous enseigne plusieurs principes qui nous aident à discerner si une vision vient de Dieu ou non. Pour valider son authenticité, la vision que nous avons doit passer avec succès certains tests. Nous les étudierons plus en détail dans le prochain chapitre. Ce n'est pas une liste exhaustive, mais ces tests tirés de la vie de Joseph sont essentiels pour s'assurer de l'authenticité de notre vision.

## Révélation

Avant de parler des tests que notre vision devra réussir, nous devons absolument parler de sa source. Dieu doit être la source de cette vision. Cette première étape est élémentaire et fondamentale pour entrer dans ce que Dieu a pour nous.

À deux reprises au tout début de l'histoire de Joseph, nous remarquons que la vision lui a été communiquée par un rêve. Toutes les fois que nous lisons le mot *rêve* dans la Genèse, nous pourrions le remplacer par *révélation de Dieu*. C'est une nuance très importante parce qu'elle différencie une révélation de Dieu d'un simple rêve. Joseph n'avait pas seulement fait un rêve de grandeur en s'imaginant devenir gouverneur de toute l'Égypte et en régnant sur ses frères. Cela ne venait pas de lui : il avait eu une révélation de Dieu.

Un des versets les plus connus sur le thème de la vision se trouve dans le livre des Proverbes : « *Quand il n'y a pas de vision, le peuple ne connaît aucune retenue*[6]. » Le mot vision que nous lisons provient du mot grec *chazown* dans les textes originaux. La définition de ce mot nous apprend que le mot *chazown* veut aussi dire *révélation*. C'est ce à quoi nous devons aspirer : le *chazown*.

## Bonne idée ou révélation ?

La très grande majorité d'entre nous, en y consacrant du temps et des efforts, pourrions arriver à développer de bonnes idées, élaborer des plans et écrire une vision pour nos propres vies. Pas besoin de Dieu pour créer une vision. Avec un peu de recherches, tu découvriras que toutes les grandes organisations ont un énoncé de vision sans nécessairement y avoir inclus Dieu à un moment ou à un autre. Nous pouvons tous développer des idées, des plans et les articuler sous forme de vision.

Le plus grand problème de cette approche réside dans l'instabilité de nos idées, nos plans et nos visions personnelles qui vont changer d'une saison à l'autre de nos vies. Ce que je croyais être une bonne idée il y a 5 ans n'en est plus du tout une aujourd'hui. Nos visions fluctuent au gré des saisons et des événements de nos vies. Ce n'est pas une fondation solide pour bâtir, c'est pourquoi nous avons besoin que Dieu nous révèle sa vision et sa volonté pour nos vies. Quand Dieu donne une vision, elle ne change pas d'une saison à l'autre, car il ne change pas d'idée et il ne se trompe pas. Une révélation de Dieu est plus puissante et durable que n'importe quelle vision que nous pourrions avoir pour nos propres vies.

Trop de gens croient que Dieu est là pour les aider à développer et accomplir leurs idées et leurs visions pour leur vie. Un peu comme si Dieu avait les mêmes fonctions que Siri dont le seul rôle est de répondre à mes demandes et à accomplir ce que je veux. J'aimerais te dire que Dieu ne devrait jamais être limité à ce genre d'approche. Il est le créateur de l'univers et le sauveur de l'humanité. Il connaît tout de toi et il t'a créé pour un but. Son plus grand désir est d'entrer en relation avec toi pour te transformer à son image et te révéler ses projets pour ta vie.

Le rêve de Dieu pour ta vie est infiniment plus grand et plus glorieux que n'importe quel rêve que tu pourrais avoir pour ta propre vie. Jamais Joseph n'aurait pu rêver occuper une fonction de gouverneur d'Égypte. Même dans ses rêves les plus fous, ce n'était pas une possibilité. Ce genre de rêve était hors de la portée d'un jeune homme vivant dans le désert, très éloigné à tous les niveaux du palais de Pharaon. Une vision comme celle-ci était inaccessible pour lui. Pourtant, c'est la vision que Dieu avait pour lui. La Bible est silencieuse sur les aspirations personnelles de Joseph, mais il nous est permis de croire qu'il aurait probablement voulu travailler sur les terres de son père et devenir un homme prospère. C'était ce qu'on aurait pu s'attendre d'un jeune homme comme lui dans son contexte. C'était probablement aussi ce qu'auraient attendu de lui son père et ses frères. Ceci dit, Dieu avait d'autres plans et il les lui a révélés. J'aimerais te suggérer que Dieu a d'autres plans pour ta vie aussi. Peu importe les idées, les plans ou la vision que tu peux avoir, Dieu a une vision qui dépasse tout ce que tu pourrais imaginer. Et comme Joseph, Dieu cherche à te la révéler.

Comme pour Joseph, pour entrer dans la volonté spécifique de Dieu pour ta vie et expérimenter tout ce que Dieu a prévu pour toi, tu vas devoir mettre de côté tes idées, tes plans et ta vision pour laisser Dieu te révéler sa vision pour ta vie.

## Comment avoir une révélation?

La question que tu te poses sûrement à ce point-ci du chapitre doit ressembler à ça : « *Comment puis-je avoir la révélation de la vision ou du rêve de Dieu pour ma vie ?* » C'est une bonne, même une excellente question ! Pour te rassurer, tu ne manques pas de foi en te posant cette question. Elle est même légitime. La très, très grande majorité des croyants (incluant moi-même) se posent

Le rêve de Dieu
pour ta vie est infini-
ment plus grand
et plus glorieux que
n'importe quel rêve
que tu pourrais avoir
pour ta propre vie.

Jean-Philippe
Beaudry

secrètement la même question. En lisant la Bible, nous réalisons que Dieu s'est révélé de plusieurs façons différentes. Non seulement il s'est révélé à Joseph dans des rêves, mais Dieu s'est aussi révélé à Moïse à travers un buisson ardent, il s'est révélé à son peuple à travers une nuée de fumée et une colonne de feu, Dieu s'est aussi révélé à travers la voix de plusieurs prophètes et ultimement, Dieu s'est révélé à travers la personne de Jésus-Christ. Ce ne sont que quelques exemples, il y a plusieurs autres types de révélations dans la Bible. Nous ne pourrons jamais mettre dans une boîte ou dans un schéma les moyens disponibles à Dieu pour se révéler. Dieu se montre de la manière qu'il veut, où il le veut et quand il le veut.

Encore aujourd'hui, Dieu peut se révéler de plusieurs manières : dans un rêve comme Joseph, mais aussi dans un moment de louange, à travers la bouche de quelqu'un d'autre, à travers sa Parole et de plusieurs autres façons. Il n'y a pas de mode d'emploi unique pour avoir accès à la révélation du rêve de Dieu pour nos vies. Imagine comment ce serait simple s'il y avait un chapitre dans la Bible qui se nommerait quelque chose du genre : *Les 5 étapes pour découvrir la vision de Dieu pour ta vie* ! En suivant ces cinq étapes faciles, nous pourrions obtenir une révélation de la part de Dieu. Ça serait tellement plus simple pour nous. Malheureusement, ce chapitre ne se trouve pas dans la Bible. Il n'y a pas non plus de formule magique ou de rituels particuliers pour découvrir la volonté et la vision que Dieu a pour toi. En d'autres mots, il n'y a pas de raccourcis. On peut supposer que si Dieu ne nous a pas laissé ces éléments dans sa Parole, c'est qu'il l'a jugé bon.

Alors comment fait-on pour avoir une révélation de Dieu pour nos vies ? Ma réponse te paraîtra peut-être simple, mais elle est la plus efficace que je connaisse : passe du temps dans la Parole et la présence de Dieu. Avant que tu te dises que cette réponse est clichée, prends le temps de répondre à cette question honnêtement : Combien de temps as-tu passé dans la présence de Dieu, à chercher sa volonté pour ta vie dans la dernière semaine seulement ? Est-ce que tu investis autant de temps à chercher la volonté de Dieu pour ta vie que tu en passes à regarder ta série-télé préférée ? J'ai rencontré telle-ment de gens qui me disent que Dieu ne leur parle pas, mais ils ne passent pratiquement pas de temps dans la Parole et la présence de Dieu ! Comment Dieu pourrait-il te parler si tu ne vas jamais dans sa présence ? Le Dieu de la Bible n'est pas un Dieu qui cherche à cacher sa volonté pour nous. En fait, la Bible nous enseigne l'inverse ! La Parole de Dieu nous dit que le Seigneur se laisse trouver par ceux qui le cherchent. Si tu le cherches, dans sa Parole et dans la prière, je te promets que Dieu va se révéler.

J'entends souvent des gens me dire : «*J'ai déjà essayé et ça ne fonctionne pas! J'ai lu ma Bible et j'ai prié, mais Dieu ne m'a pas parlé.*» Peut-être que tu t'es déjà dit cela ou peut-être que tu te trouves dans une situation semblable. J'ai vécu ça des dizaines de fois. Malheureusement, voici ce qui arrive trop souvent lorsqu'on n'entend pas la voix de Dieu comme on le voudrait et quand on le voudrait : on se décourage et on baisse les bras en mettant de côté la Parole de Dieu et la prière. On prie pendant une journée, une semaine ou peut-être même quelques semaines, mais si Dieu ne se révèle pas comme on le voudrait et quand on le voudrait, on a tendance à abandonner. Un peu comme si on espérait que Dieu nous parle sur commande.

Trop souvent, au lieu d'entretenir une relation sincère, vivante et constante avec Dieu, nous ouvrons nos Bibles et nous prions seulement lorsque nous avons absolument besoin d'une réponse, d'une direction ou d'une révélation. Un peu comme si Dieu n'était que notre bouton d'urgence au moment où nous avons besoin d'une intervention de sa part. Je ne pourrai jamais assez insister sur *l'importance de bâtir une relation sincère avec Dieu.* Pas seulement parce que nous avons besoin d'une réponse ou d'une révélation, mais parce que nous l'aimons et que sa présence nous transforme, nous fortifie et nous fait du bien. Si notre relation avec Dieu se limite aux moments où nous avons besoin qu'il nous donne quelque chose ou qu'il se révèle à nous, ce n'est pas une relation sincère et intime, mais plutôt une relation utilitaire. J'aimerais te suggérer que Dieu se révèle à nous, non pas parce que nous appuyons sur le bouton d'urgence, mais alors que nous bâtissons une relation d'intimité avec lui jour après jour.

Si tu aspires à expérimenter une révélation de la part de Dieu, ne cherche pas un mode d'emploi, des principes ou des méthodes particulières. Cherche Dieu. Cherche-le passionnément et prends plaisir à être dans sa présence chaque jour de ta vie. Développe un amour pour sa Parole et sa présence. Vois la prière comme un privilège et non comme un bouton d'urgence. Bâtis une relation sincère avec Dieu. Les révélations de Dieu ne se commandent pas, mais tu peux toujours te mettre dans une position où il peut te parler et cet endroit, c'est dans la présence de Dieu, au cœur une relation sincère, intime et constante avec lui.

## Proximité

La proximité avec Dieu est le cœur de sa volonté pour ta vie. Tu dois être près de Dieu pour recevoir la révélation et tu dois demeurer près de lui pour accomplir cette révélation. La proximité avec Dieu n'est pas seulement la méthode pour recevoir une révélation. Ce devrait être le *but ultime* de nos vies. As-tu remarqué que la révélation que Joseph a reçue était très vague et qu'il n'y avait pratiquement aucun détail? Dieu a révélé à Joseph l'aboutissement de la vision, le fait qu'il allait être gouverneur d'Égypte, mais il n'y avait aucun détail sur l'échéancier et les étapes qui allaient l'amener jusque-là. Comme Joseph n'avait aucuns détails sur les prochaines étapes de la vision, il devait demeurer près de Dieu pour que ce dernier puisse le guider à chaque étape.

Une révélation de Dieu va t'amener à chercher, t'appuyer et dépendre de Dieu plus que jamais dans ta vie. Une vision peut être belle, noble et inspirante, mais si elle peut être accomplie sans Dieu, cette vision ne vient pas de lui. Quand Dieu dépose une vision, elle t'attirera toujours plus à lui. En d'autres mots, Dieu ne t'appellera jamais à accomplir quelque chose où tu n'auras pas désespérément besoin de lui pour l'accomplir.

## Comme un GPS

Dieu nous dirige un peu comme un GPS nous dirige lorsque nous voulons nous rendre quelque part. Lorsque tu entres une adresse dans ton GPS, tu entres la destination où tu veux aller. Aussitôt que la destination est entrée, le GPS te donnera les indications une à une pour te rendre à cette destination. Il ne te donnera pas toutes les indications d'un coup, mais étape par étape. Tu dois alors te fier constamment sur ton GPS pour t'assurer d'arriver à destination.

C'est la même chose avec les révélations de Dieu. Lorsque Dieu nous révèle sa volonté pour nos vies, il nous donne une destination, mais il ne nous donne jamais tous les détails d'un coup. Une fois lancé dans une direction, Dieu veut nous diriger étape par étape jusqu'à ce que nous arrivions à destination. La seule façon de nous assurer de savoir s'il faut tourner à gauche ou à droite, c'est de constamment se fier sur notre GPS, Dieu lui-même. C'est pourquoi la proximité avec Dieu est tellement importante. Je crois profondément qu'il désire nous révéler ses projets pour nos vies, mais nous avons besoin de sa présence chaque jour pour qu'il nous dirige et nous guide parfaitement dans ses voies.

## Suivre le guide

Il y a plusieurs années, alors que je participais à un voyage missionnaire en Haïti avec une équipe d'une dizaine de personnes, nous devions passer à travers une petite forêt pour nous rendre dans un petit village éloigné. Le but de notre expédition était d'aller porter de la nourriture et d'apporter des premiers soins

70

# Dieu ne t'appellera jamais à accomplir quelque chose où tu n'auras pas désespérément besoin de lui pour l'accomplir.

Jean-Philippe
Beaudry

aux gens qui habitaient ce village. Le guide qui nous conduisait connaissait très bien le secteur. Il s'était rendu à ce village des dizaines de fois. Alors qu'il marchait dans la forêt avec assurance, nous n'avions aucune idée de l'endroit où nous étions. La forêt était tellement dense qu'après quelques minutes de marche seulement, je n'aurais même pas su comme revenir sur mes pas. Laisse-moi te dire que je ne voulais pas m'éloigner de notre guide! Même si je n'avais aucune idée d'où je me trouvais au milieu de cette forêt, j'étais en confiance parce que lui savait où il était. Tout ce que j'avais à faire, c'était de demeurer assez près de lui pour pouvoir le suivre. Comme ça, je n'avais pas peur de me perdre ou de ne pas trouver notre destination, parce que j'avais confiance que notre guide allait nous diriger parfaitement. Ma proximité avec ce guide me procurait une paix et l'assurance que j'arriverais à bon port.

De la même manière que je suivais ce guide au cœur de la forêt en Haïti, nous sommes appelés à suivre notre guide : Dieu. Si tu fais de Dieu ton guide, tu n'auras jamais peur de te perdre ou de passer à côté de la destination qu'il a prévu pour toi. Et même si tu n'as pas les détails de l'itinéraire, tu peux avoir l'assurance que ton guide t'amènera au bon endroit. Tout ce que tu as à faire, c'est de rester près de lui.

# Chapitre 8

# LES TESTS DE LA VISION

| Jean-Philippe Beaudry | «Quand Dieu donne une vision, il la confirme toujours.» |
|---|---|
| Genèse 37.9 | «Joseph fit encore un autre rêve, et il le raconta à ses frères. Il dit : " J'ai fait encore un rêve : le soleil, la lune et onze étoiles se prosternaient devant moi. "» |

## Confirmation

Quand Dieu donne une vision, il la confirme toujours. Sans exception. Il y a un courant de pensée chez les croyants qui veut que nous n'ayons qu'une seule chance d'obtenir une révélation de Dieu pour nos vies. Si nous ne sommes pas attentifs ou si nous sommes distraits lorsqu'il veut nous révéler sa vision pour nos vies, nous risquons de rater l'opportunité de recevoir cette vision. J'aimerais te rassurer tout de suite. Le Dieu de la Bible n'est pas un Dieu qui désire cacher sa vision pour ta vie. Son désir n'est pas de nous donner une seule et ultime chance de recevoir cette vision. En fait, c'est tout à fait le contraire ! Dieu cherche à révéler et confirmer sa vision pour nous. Pour plusieurs personnes, cette vérité est libératrice.

# Quand Dieu donne une vision, il la confirme toujours.

Jean-Philippe
Beaudry

## Même vision, rêve différent

Si nous continuons à étudier la vie de Joseph, nous voyons clairement que Dieu va confirmer de manière claire et précise la vision qu'il a pour lui. Dieu va la révéler à Joseph pour la première fois à travers un rêve au verset cinq et le Seigneur va confirmer la vision, encore une fois à travers un rêve, au verset neuf. Il s'agit d'un exemple flagrant de Dieu qui confirme la vision.

Si nous étudions un peu plus profondément le texte, nous découvrons que la vision que Dieu communique reste la même, mais que les deux rêves sont différents. À travers ces simples versets, nous apprenons quelque chose d'important sur la manière dont Dieu va nous confirmer sa vision pour nos vies. La vision reste similaire, mais la façon dont Dieu la confirme ne sera pas toujours la même. Dieu peut utiliser toutes sortes de moyens, de personnes et de circonstances pour confirmer sa vision pour nos vies.

Il serait impossible de faire une liste exhaustive des méthodes que Dieu va utiliser pour confirmer sa vision pour ta vie, mais dans les prochaines pages, je vais te donner une liste de certaines méthodes que nous retrouvons dans la Bible pour t'aider à discerner si la vision que tu as provient de Dieu.

## Test N°1 : Fondée sur la Bible

Dans sa volonté pour nos vies, Dieu ne révélera jamais une vision qui serait contraire à ce qui est écrit dans sa Parole parce que le Seigneur ne se contredira jamais. Une vision qui vient de Dieu sera toujours alignée avec les enseignements et les principes qui se trouvent dans la Bible. La volonté personnelle de Dieu sera toujours fondée bibliquement. Si tu as une vision qui t'amènerait à vivre une forme de compromis avec les enseignements de la Bible ou que la vision te forcerait à faire des concessions sur les principes bibliques, ta vision n'est pas inspirée de Dieu. Ce test est simple à faire mais incontournable.

## Test N°2 : Centrée sur Jésus

Lorsqu'une vision provient de Dieu, elle pointera toujours vers Jésus et non vers nous-mêmes. L'ultime but de la vision de Dieu pour nous est qu'à travers nos vies, Jésus soit prêché, représenté, élevé, glorifié et honoré. Le but de la vision ne sera jamais pour notre gloire ou notre gain personnel.

Juste avant de quitter cette terre et de rejoindre son Père, Jésus confie à ses disciples leur mission : aller faire de toutes les nations des disciples, de les baptiser et de leur enseigner à mettre en pratique tous les principes que Jésus a enseignés[7]. Cette mission était non seulement pour les disciples de l'époque qui la recevaient directement de la bouche de Jésus, mais elle est tout aussi valable pour chaque croyant jusqu'à aujourd'hui. Chaque croyant a la même mission, mais les moyens et les manières pour chacun d'accomplir cette mission vont changer. C'est là que la volonté personnelle ou la vision personnelle de Dieu pour chaque croyant entre en jeu. Dieu va appeler des gens à accomplir la mission à travers toutes sortes de visions différentes. Dieu va appeler des enseignants, des musiciens, des politiciens, des mécaniciens, des mamans à la maison, en bref, chaque personne, à accomplir la même mission, mais de manière différente. Il y a au moins une chose qui est commune à chaque vision : elle est centrée sur la mission et la personne de Jésus.

Si ta vision ne repose pas fondamentalement sur l'œuvre et la personne de Jésus, ta vision n'est fort probablement pas une vision qui provient de Dieu.

## Test N°3 : Inspirée par l'Esprit

La conviction du Saint-Esprit est nécessaire pour l'accomplissement de la vision. Cette conviction surnaturelle est ce qui vient faire la différence entre un enthousiasme momentané et une révélation qui vient de Dieu. Un des rôles principaux de l'Esprit de Dieu est de nous convaincre. Premièrement, l'Esprit va nous convaincre de notre état de pécheur, mais la conviction du Saint-Esprit ne se limite pas seulement à un moment lorsqu'une personne se repent et donne sa vie à Dieu. La conviction de l'Esprit se vit également chaque jour de notre marche avec Dieu. Le Seigneur nous appelle à ne pas nous laisser diriger seulement par ce qui fait du sens pour nous ou par ce qui semble nous avantager le plus. Dieu nous appelle à suivre la conviction du Saint-Esprit. Lorsque Dieu révèle une vision, elle sera toujours accompagnée de cette conviction. Celle-ci vient nous donner un sentiment profond, au-delà de la surface de nos émotions et de nos préférences, que c'est Dieu qui nous dirige.

C'est là que la conviction de l'Esprit vient jouer un rôle crucial dans l'accomplissement de la volonté de Dieu pour nos vies. Si ce n'était pas de la conviction de l'Esprit, nos vies seraient dirigées par ce qui nous convient le plus et ce qui, selon nous, est le mieux pour nos vies. La conviction de l'Esprit nous amène à laisser Dieu diriger nos vies non pas selon ce qui nous semble le mieux pour nous-mêmes, mais par ce Dieu veut pour nos vies. Un des moyens que Dieu utilise pour nous amener à le laisser diriger nos vies au-delà de nos émotions et de nos préférences est la conviction de son Esprit.

[7] Matthieu 28.19–20

La vision que Dieu a pour ta vie t'amènera à un niveau plus profond de dépendance et de confiance en Dieu. Si la vision que tu as ne fait pas toujours de sens à tes yeux, si elle semble beaucoup trop grande pour que tu puisses l'accomplir et que pourtant, tu as un sentiment profond que Dieu t'appelle à l'accomplir, il y a de fortes chances que cette vision vienne de lui.

## Test N°4 : Éprouvée par le temps

Un des meilleurs moyens de mettre à l'épreuve une vision est de lui faire passer le test du temps. Ce test se révèle être déterminant dans la confirmation de la vision. Est-ce que la vision reste stable et similaire même après trois mois, 1 an ou 3 ans ? Si oui, il s'agit d'une bonne indication que la vision provient de Dieu. Une vision qui vient de Dieu ne changera pas au fil du temps. Le Seigneur ne se trompe pas et il ne change pas d'idée. Une vision qui vient de Dieu ne changera pas en fonction des saisons et des circonstances. La vision restera toujours la même, mais les moyens d'accomplir la vision peuvent changer. Andy Stanley, un pasteur dans la région d'Atlanta aux États-Unis, dit qu'il nous faut écrire la vision en elle-même avec un crayon à encre, mais nous devons écrire les moyens d'accomplir cette vision au crayon de plomb parce que la vision reste toujours la même, mais les moyens d'accomplir la vision vont continuellement changer d'une saison à l'autre.

Si nous continuons de regarder l'histoire de Joseph, la vision qu'il avait reçue a dû traverser l'épreuve du temps et des saisons. Plusieurs années se sont écoulées entre le moment où il a reçu la vision et le moment où la vision s'est matérialisée.

## Génération instantanée

Nous vivons au milieu d'une génération où tout n'a jamais été aussi accessible rapidement. En quelques instants sur notre téléphone intelligent, nous pouvons commander à manger, faire nos achats, publier des photos sur nos réseaux sociaux et finalement faire pratiquement n'importe quoi. Tout est au bout de nos doigts et accessible en quelques secondes. Dans une culture où tout est accessible hyper rapidement, le concept de l'attente est pratiquement devenu désuet. Je ne connais personne qui aime attendre. Connais-tu quelqu'un qui aime attendre en file ou quelqu'un qui aime être pris dans le trafic ? Moi non.

Si nous avions le choix, nous voudrions que tout soit rapide, incluant la volonté de Dieu. Nous voudrions que les portes s'ouvrent plus vite et que les opportunités se présentent plus rapidement. Malheureusement pour nous, il n'y a aucune vision et aucun rêve qui se réalise instantanément. Et il n'y a rien de nouveau sous le soleil. Si nous regardons aux plus grands personnages bibliques, nous allons rapidement réaliser que la vision qu'ils ont reçue de Dieu a dû passer le test du temps. Le roi David a dû attendre environ 20 ans avant que la vision qu'il avait reçue se matérialise. Joseph, plus de 13 ans. Tu pourrais regarder à tous les personnages bibliques qui ont reçu une vision de la part de Dieu et tu réaliserais qu'aucun d'entre eux n'a expérimenté la réalisation de cette vision instantanément. À chaque fois, la vision a dû passer l'épreuve du temps.

Un peu plus loin dans le livre, dans la section sur les saisons, nous allons découvrir que Dieu veut nous développer et nous transformer à travers les moments d'attente. Une des choses que Dieu veut faire dans les saisons d'attente, c'est de valider l'authenticité de la vision.

## Test N°5 : Confirmée par des gens clés

Le dernier test que nous verrons ensemble est absolument nécessaire pour nous assurer que notre vision provienne de Dieu. La vision sera toujours reconnue et confirmée par des gens clés et dignes de confiance dans nos vies. Ces personnes doivent être matures dans la foi, être sages et être dans une position où ils désirent ton bien et ton avancement. Ce dernier test nous révèle que la confirmation de la vision se vit de façon *communautaire*. Ce n'est pas seulement entre Dieu et nous, mais bien en communauté. Nous voyons cette dynamique d'un couvert à l'autre de la Bible. Dieu va utiliser des prophètes, des anciens dans l'Église et plusieurs personnes pour annoncer et valider la vision. Ce n'est pas différent aujourd'hui.

## Une voix que seulement Dieu peut aimer

J'aime la louange et j'aime chanter. Le seul problème à cela ? Je chante mal. J'ai une voix que seulement ma mère et Dieu peuvent apprécier. Un des moments les plus gênants de mon ministère est arrivé lorsque j'étais pasteur des jeunes adultes à l'Église Nouvelle Vie. Je venais de terminer ma prédication et je portais un micro-casque pour prêcher à la salle durant mon message. L'équipe de musique était en train de diriger les gens dans un moment de louange. Une fois revenu à ma place, je portais toujours mon micro. Le technicien l'avait fermé pour qu'on n'entende plus ma voix dans la salle, mais il avait oublié de le couper dans les moniteurs d'oreilles des musiciens ! Les musiciens pouvaient m'entendre chanter. J'étais dans la première rangée, juste devant, et j'ai vu les musiciens commencer à retirer leurs moniteurs d'oreilles les uns après les autres. Au début, je ne comprenais pas pourquoi, mais lorsque la réunion s'est terminée, deux d'entre eux sont venus me voir en riant pour me dire que tous les musiciens m'entendaient chanter après ma prédication. Je n'ai pas besoin de vous dire qu'ils n'avaient pas été particulièrement bénis par mes dons de chanteur. J'aurais voulu disparaitre sur place.

Même si j'aime la louange et que j'aime chanter, clairement la vision de Dieu pour ma vie n'est pas de chanter, parce que la vision devra toujours être confirmée par des gens clés.

## Appel à prêcher ?

Lorsque j'étais dans ma première année de collège biblique, je me sentais comme le mouton noir de ma classe parce que pratiquement chaque étudiant présent semblait avoir une idée précise de la vision que Dieu avait pour lui alors que de mon côté, c'était assez flou. J'avais une conviction que le Seigneur m'appelait à lui consacrer ma vie, mais je ne savais pas quelle forme ça allait prendre.

Un jour, des pasteurs de l'église m'ont demandé de prêcher pour la première fois aux ados de mon église le dimanche matin. En fait, cette prédication allait être ma première prédication à vie ! J'ai accepté tout de suite, sans trop savoir à quoi m'attendre. Je n'avais aucune expérience et j'étais encore dans mes tout premiers cours de théologie. Comme si ce n'était pas assez, je devais prêcher aux deux réunions ! J'étais stressé. Je ne me souviens pas d'avoir prié autant pour quelque chose. Malgré autant de prières, je n'ai presque pas dormi dans la nuit du samedi au dimanche. Arrivé sur place, il y avait environ une trentaine d'ados. À l'arrière de la salle se trouvaient quatre pasteurs de l'église, confortablement assis, carnets de notes à la main, prêts à m'évaluer. Il s'agissait d'un des moments les plus stressants de ma vie. Je me suis lancé en espérant que tout se passe bien.

À la fin des deux réunions, tout s'était bien passé. Plusieurs ados semblaient avoir été touchés par Dieu et j'étais encore en un seul morceau. Ce qui suit a été un des moments les plus marquants de mon ministère : un des pasteurs qui m'évaluaient est venu vers moi d'un air sérieux, il m'a pris par les épaules en me regardant dans les yeux et en me disant : « Tu es appelé à prêcher, ne doutes jamais de ça. » Ses paroles résonnent encore fortement dans mon cœur. Pour la première fois, quelqu'un venait semer en moi la vision que Dieu avait pour moi.

# Chapitre 9

# L'OPPOSITION

| Craig Grœschel | «Si tu n'es pas prêt à faire face à l'opposition, tu n'es pas prêt à être utilisé de Dieu.» |
|---|---|
| Jacques 1.2–4 | «Mes frères et sœurs, considérez comme un sujet de joie complète les diverses épreuves auxquelles vous pouvez être exposés, sachant que la mise à l'épreuve de votre foi produit la persévérance. Mais il faut que la persévérance accomplisse parfaitement sa tâche afin que vous soyez parfaitement qualifiés, sans défaut, et qu'il ne vous manque rien.» |

Un des plus grands mythes sur le sujet de la volonté de Dieu est que si nous sommes dans la volonté de Dieu, ce sera facile et aisé. Si nous marchons dans la vision qu'il a pour nous, nous n'expérimenterons pas d'épreuves ou d'opposition. Je ne veux pas te décourager, mais si tu cherches à faire la volonté de Dieu, tu dois t'attendre à faire face à toutes sortes d'oppositions.

La vérité est qu'à l'instant où tu vas vouloir faire la volonté de Dieu, l'ennemi va chercher par tous les moyens de saboter, faire avorter et détruire ce que Dieu t'appelle à être et à faire. Et ça, c'est sans parler des gens autour de toi qui, pour toutes sortes de raisons, essaieront de te mettre des bâtons dans les roues.

Trop souvent, nous voyons l'opposition comme un indicateur que nous sommes sur une mauvaise voie ou hors de la volonté de Dieu, croyant qu'elle n'inclut aucune forme d'opposition. Il n'y a aucun fondement biblique à ce genre de théorie. En fait, plus nous étudions la Bible, plus nous découvrons que l'opposition accompagne tous les hommes et les femmes qui ont servi Dieu au fil des générations. Quelqu'un m'a dit un jour : «Si c'est trop facile, pose-toi des questions. Par contre, si tu fais face à de l'opposition, c'est un bon signe !» Je ne sais pas si nous pouvons créer une règle absolue avec cet énoncé, mais ce n'est certainement pas loin de la vérité.

L'opposition est souvent un indicateur que nous sommes exactement dans la volonté de Dieu. Peut-être que tu fais face à une forme d'opposition dans cette saison de ta vie alors ne saute pas aux conclusions trop rapidement et surtout, n'abandonne pas ! Tu te trouves peut-être exactement à l'endroit où Dieu te veut.

## Joseph et l'opposition

Joseph semble avoir vécu de l'opposition toute sa vie. Du tout début, lorsqu'il reçoit la vision de Dieu, jusqu'à la fin du récit, le fils de Jacob doit négocier avec différentes formes d'opposition. Une forme d'opposition n'attendait pas l'autre pour survenir. Lorsqu'il semblait enfin se sortir d'une situation difficile, une autre l'attendait déjà.

Face à l'opposition, trop de gens font demi-tour, perdent courage et passent tout simplement à côté de ce que Dieu veut faire. Ce n'est pas le cas de Joseph. Il s'est accroché à la vision, il a fait confiance à Dieu et il s'est emparé de ce que le Seigneur avait prévu pour lui.

Savais-tu que les prédications les plus puissantes n'ont pas lieu sur une estrade à l'église ? Les prédications les plus puissantes sont communiquées à travers la vie et le témoignage des gens. C'est vrai pour toi et moi. La vie d'une personne parle beaucoup plus que les paroles qui sortent de sa bouche. C'est le cas avec Joseph. Nous n'avons pas d'écrits d'une prédication qu'il aurait faits du haut d'une estrade, mais sa vie au complet est un message, celui de la grâce et de la fidélité de Dieu à travers l'opposition. Sa vie nous enseigne la manière dont nous devrions traverser les différentes formes et saisons d'opposition. Non seulement ça, mais sa vie nous démontre que rien ni personne ne peut faire échouer la vision que Dieu a pour nos vies. Peu importe l'opposition, l'épreuve et la saison que nous traversons, rien ne peut freiner l'œuvre de Dieu dans nos vies. Quand le Seigneur dépose une vision, rien ni personne ne peut la faire échouer.

Après avoir traversé toutes sortes d'oppositions différentes, la vision que Dieu avait déposée en Joseph s'est matérialisée. Le fils de Jacob, le petit

# Quand Dieu dépose une vision, rien ni personne ne peut la faire échouer.

Jean-Philippe
Beaudry

garçon vivant dans le désert, est devenu le gouverneur d'Égypte. Ni ses frères, ni les marchands d'esclaves, ni Potiphar, ni les gardiens de prison, ni le Pharaon lui-même n'ont pu empêcher Dieu d'accomplir la vision qu'il avait pour Joseph. À l'instant où tu lis ces lignes, je veux t'encourager à ancrer cette vérité solidement dans ton cœur : le Dieu qui a été fidèle avec Joseph va l'être aussi avec toi. Dieu est le même hier, aujourd'hui et demain. Sa fidélité envers Joseph n'est pas une exception à la règle. Il est fidèle et sa fidélité ne change pas.

## Les visages de l'opposition

L'image qui m'est souvent venue en tête lorsque je pensais à l'opposition était un genre de monsieur qui me bloquait la route. Je ne pouvais pas prendre un autre chemin, et ce monsieur, beaucoup plus costaud que moi, se tenait devait moi les bras croisés avec un regard menaçant, m'empêchant de rejoindre l'endroit où je devais aller. Cette image, un peu naïve, provient sûrement du fait que j'ai regardé beaucoup de dessins animés dans mon enfance. Elle reflète quand même la réalité de la manière dont nous percevons l'opposition : quelqu'un ou quelque chose qui nous empêche d'aller là où nous voulons aller.

L'histoire de Joseph nous confirme qu'il existe plusieurs visages à l'opposition. Elle ne prend pas une seule forme et ne s'expérimente pas d'une seule manière. Joseph a dû faire face à plusieurs types d'opposition à différents moments dans la conquête de sa destinée. En étudiant sa vie, tu vas rapidement découvrir que les différents visages de l'opposition n'ont pas beaucoup changé au fil du temps. Ce que Joseph a dû traverser ressemble beaucoup à ce que toi et moi allons devoir traverser si nous voulons nous emparer de ce que Dieu a pour nous.

Afin de mieux discerner et déjouer les différentes formes d'opposition, nous allons dévoiler leurs visages. Nous ne pouvons pas combattre ce que nous ne reconnaissons pas. Lorsque nous ne reconnaissons pas ce que nous devons combattre, nous devenons vulnérables. Alors, afin de non seulement discerner les différents visages de l'opposition, mais surtout d'avoir la victoire sur elle, voici quelques exemples.

## La critique

La critique est le premier visage de l'opposition que nous découvrons dans la vie de Joseph. Je ne parle pas ici d'une critique constructive de la part d'une personne qui veut notre bien et notre avancement. Je parle ici du type de critique malintentionnée, qui cherche seulement à rabaisser et à pointer du doigt. C'est ce type de critique que Joseph a subi. Aussitôt qu'il a reçu la vision de la part de Dieu, ses frères l'ont critiqué ouvertement. Ils se sont moqués de lui en l'appelant le «*rêveur*[8]» et ont parlé avec mépris de la vision que Joseph avait reçu. Il ne faut pas penser que Joseph était au-dessus de toutes ces critiques. Il devait être affecté et attristé par chacune d'elles.

Nous réagissons tous différemment à la critique. Chez certaines personnes, la critique va produire de la colère, d'autres personnes seront automatiquement offensées. Il y a autant de façons de réagir à la critique qu'il y a d'individus. Même si les réactions peuvent être différentes, nous avons tous quelque chose en commun : personne n'aime être critiqué. Un de mes mentors m'a dit un jour : «*Il y a toujours quelqu'un quelque part qui va critiquer ce que tu vas faire.*» Être critiqué est une forme d'opposition. Nous sentons que Dieu nous dirige dans une direction et une ou plusieurs personnes vont s'opposer ouvertement en critiquant la direction que nous prenons. Comme moi, tu as sûrement déjà expérimenté ça.

Lorsque j'étais pasteur de jeunes adultes, nous organisions des événements que nous avions appelés des «Open House». Le concept de ces événements était simple : une soirée où les jeunes invitaient les membres de leurs familles et leurs amis qui ne connaissaient pas Dieu et nous mettions tout en œuvre pour leur présenter le message de Jésus le plus pertinemment possible. Lorsque nous avons lancé cette vision, nous avons été critiqués. D'un côté, certaines personnes critiquaient le fait que nous ne devrions pas avoir besoin de faire des soirées spéciales pour que les jeunes invitent leurs amis (je suis d'accord avec ça), et de l'autre côté, d'autres personnes critiquaient le fait que le rôle de l'église ne devrait pas seulement être d'inviter les gens à venir à l'église, mais que c'est à l'église de sortir à l'extérieur pour aller vers les gens (je suis également d'accord avec ça). Tu vois le genre ? Nous organisons une soirée spéciale pour présenter Jésus au maximum de personnes et des gens trouvent le moyen de critiquer. J'ai rapidement compris que peu importe ce que nous ferions, il y aurait toujours quelqu'un quelque part pour critiquer. Peu importe que ce qu'une personne fait, elle sera critiquée. Si tu veux vivre pour Dieu et t'emparer de la destinée qu'il a pour toi, tu seras toi aussi critiqué. Il y aura toujours quelqu'un pour critiquer tes choix. Les critiques non constructives des autres ne devraient jamais nous ralentir ou nous empêcher d'accomplir ce que Dieu nous appelle à faire.

Au fil des années, chaque soirée «Open House» a été un énorme succès. Ces événements réunissaient en moyenne plus de 500 personnes et surtout, plus de 150 visiteurs qui, pour la plupart, mettaient les pieds dans une église pour la première fois. Des dizaines de jeunes adultes ont donné leur vie à Christ et se sont fait baptiser suite à ces soirées.

Tout comme Joseph, les critiques ne nous ont pas arrêtés. La voix de Dieu doit toujours avoir le dessus sur les critiques non constructives des autres dans nos vies. Si le Seigneur te donne une parole une direction, avance avec confiance en t'attendant à lui pour l'accomplissement de sa volonté dans ta vie.

## Le rejet

Le deuxième visage de l'opposition que nous découvrons à travers la vie de Joseph est le rejet. En poursuivant la volonté de Dieu pour sa vie, Joseph a expérimenté différentes formes de rejet, parfois venant de la part des personnes les plus proches de lui. Les frères de Joseph ne se sont pas contentés de seulement le critiquer, ils ont littéralement simulé sa mort en le jetant dans un puits tout juste avant de le vendre à des marchands d'esclaves qui l'ont amené loin de sa famille. Leur intention était de l'envoyer le plus loin possible pour ne plus jamais le revoir.

Genèse 37.27–28

«Venez, vendons-le aux Ismaélites et ne portons pas la main sur lui, car il est notre frère, il est de notre chair.» Ses frères l'écoutèrent. Au passage des marchands madianites, ils tirèrent et firent remonter Joseph du puits, et ils le vendirent pour 20 pièces d'argent aux Ismaélites qui l'emmenèrent en Égypte.»

Bien que l'exemple de Joseph représente un cas extrême, il illustre une vérité que nous devrons tous expérimenter si nous voulons accomplir la volonté de Dieu pour nos vies : le rejet. Que ce soit à l'école, au travail, avec nos amis et même nos familles, le rejet n'épargne personne et se vit de toutes sortes de manières. Il s'agit d'une forme très puissante d'opposition. Chacun d'entre nous aimerait être accepté et aimé de tout le monde. Les psychologues nous disent qu'un des plus grands besoins de l'être humain est l'acceptation. Personne n'aime se sentir rejeté.

[8] Genèse 37.19

Les gens sont prêts à faire beaucoup de choses simplement pour se sentir acceptés. Ils vont porter certains vêtements, aller à certains endroits et avoir un certain mode de vie non pas nécessairement parce qu'ils le désirent, mais parce qu'ils trouvent dans tout ça l'acceptation des autres si importante pour eux.

Un jour je prenais un café avec un jeune homme qui me confessait qu'il fréquentait une fille depuis quelques mois sachant très bien que ce n'était pas une fille pour lui. Il n'arrivait pas à se projeter dans l'avenir avec elle. Il ne se voyait pas fonder une famille avec cette fille. Pour quelle raison restait-il en couple avec elle alors? Le sentiment d'acceptation que la relation lui procurait. Il se sentait accepté et aimé par cette jeune femme. Il avait peur de se retrouver seul.

Le désir de se sentir accepté est puissant. C'est pourquoi le rejet est une forme d'opposition tellement puissante. La réalité est que, malgré tous les efforts que nous pourrions y mettre, nous ne pourrons jamais plaire à tout le monde et être acceptés de tout le monde autour de nous. La seule chose qui peut réellement nous aider à vaincre cette forme d'opposition est de nous tourner vers la seule personne qui va toujours nous aimer et nous accepter tel que nous sommes : Jésus. Si tu luttes avec le rejet présentement, rappelle-toi que c'est Dieu qui t'a créé. Il t'a choisi et il t'aime. Tu ne peux rien faire pour que Dieu t'aime plus ou pour qu'il t'aime moins. Il t'a créé intentionnellement en dessinant une destinée précise pour ta vie.

Joseph a choisi de persévérer dans la vision qu'il avait reçue de Dieu malgré le fait que ses propres frères l'ont rejeté. Pour Joseph, l'acceptation de Dieu avait plus de valeur que l'acceptation et l'approbation des autres. Il n'était pas prêt à dévier de la voie que Dieu traçait pour lui seulement pour éviter le rejet des autres. Si tu veux accomplir la volonté de Dieu pour ta vie, tu devras choisir de poursuivre ta destinée malgré le rejet de certaines personnes dans ta vie. Dieu t'aime et il t'a choisi. Ancre profondément cette vérité dans ton cœur et ne laisse pas le rejet des autres freiner la destinée que le Seigneur a pour toi.

## L'injustice

L'injustice est la dernière forme d'opposition que nous trouvons de la vie de Joseph. Une grande portion de l'histoire de Joseph peut se résumer en un mot : injustice. Joseph a été traité injustement durant pratiquement tout le processus qui l'a amené à être gouverneur d'Égypte. Dans tout ce cheminement tragique, on tombe sur une scène de l'histoire qui se démarque des autres. Il s'agit de la scène où Joseph se fait accuser injustement de viol sur la femme de son maître, Potiphar. Comme si les critiques injustifiées et les différentes formes de rejet qu'il a vécu n'étaient pas assez, Joseph se fait mettre en prison pour un crime qu'il n'a pas commis. À l'époque où Joseph était esclave dans la maison de Potiphar, un homme puissant d'Égypte, Joseph était tellement apprécié par son maître que celui-ci lui a confié la supervision et l'intendance de tous les biens de sa maison.

La femme de Potiphar avait remarqué Joseph. Elle le trouvait beau et attirant. Tellement qu'elle lui a demandé ouvertement de coucher avec elle. La Bible nous dit que jour après jour, elle est revenue à la charge, mais Joseph n'a rien voulu entendre. Il n'a pas voulu trahir son maître et surtout, il n'a pas voulu pécher contre Dieu. Un jour, la femme de Potiphar a attrapé Joseph pour l'amener à coucher avec elle, mais Joseph s'est enfui en lui laissant son habit dans les mains ! Immédiatement, elle a crié :

Genèse
39.14–15

«Regardez ! Il nous a amené un Hébreu pour abuser de nous. Cet homme s'est approché de moi pour coucher avec moi, mais j'ai poussé de grands cris. Quand il a entendu que je me mettais à crier, il a laissé son habit à côté de moi et est sorti.»

Quelques instants plus tard, on a arrêté Joseph pour le mettre en prison. Peux-tu imaginer le sentiment d'injustice que Joseph a dû vivre à cet instant ? Lui qui était intègre et droit devant Dieu s'est fait injustement emprisonner. Après avoir fait face aux critiques de ses frères, après avoir été rejeté à plusieurs reprises, voilà qu'il a été frappé d'une autre forme d'opposition : l'injustice.

Cette dernière scène semble être la goutte qui fait déborder la vase. Je n'aurais jamais jugé Joseph d'avoir baissé les bras ou même d'abandonner la vision que Dieu lui avait donnée après avoir vécu cet emprisonnement. Je ne peux pas imaginer être à sa place. Pourtant, malgré tout ce qu'il a subi, Joseph s'accroche à Dieu et à la vision.

Toi et moi ne serons probablement jamais emprisonnés pour notre foi. On ne nous mettra sûrement pas en prison injustement parce que nous poursuivons la volonté de Dieu pour nos vies. Mais une chose est certaine, nous ferons tous face à différentes formes d'injustices. Parfois banales, d'autres fois plus significatives. Que ce soit une opportunité qu'on ne t'offre pas sans raison valable, le traitement qu'une personne te réserve sans explications fondées ou simplement le fait qu'on te mette de côté sans t'expliquer pourquoi, nous allons tous vivre des expériences qui nous semblent injustes.

Même si tes motifs sont bons et que tu cherches sincèrement à plaire à Dieu, tu ne pourras pas faire la volonté de Dieu pour ta vie sans sentir qu'une personne te traite injustement. Impossible. Nous avons deux choix face à ce type d'opposition : tenter de se faire justice nous-mêmes ou faire confiance au Seigneur. En d'autres mots : sortir de la vision que Dieu a pour nous pour se faire justice ou demeurer dans la vision en faisant confiance à Dieu. Joseph a choisi la deuxième option. Pour moi personnellement, l'injustice est la forme d'opposition avec laquelle j'ai le plus de difficulté à négocier. C'est un piège pour moi. Au fil des années, j'ai vécu quelques situations injustes. Ces situations auraient pu me faire perdre beaucoup de temps et même me faire dévier du plan de Dieu. Alors que je vivais une situation injuste, un bon ami à moi m'a dit cette phrase pour m'encourager à simplement remettre la situation à Dieu et continuer de le servir : « *Tu ne contrôles pas ce que les autres vont te faire, mais tu contrôles toujours comment tu vas réagir.* »

Sais-tu ce qui est arrivé à Joseph une fois qu'il a été mis en prison ? La faveur de Dieu était avec lui et il est devenu le chef des prisonniers de la prison ! Peu importe ce que les hommes ont voulu lui faire, Dieu était encore au contrôle. Comme Joseph, lorsque nous faisons face à l'injustice, nous devons choisir de faire confiance à Dieu et de continuer de le servir. Il est toujours au contrôle.

## L'opportunité dans l'opposition

Dans l'accomplissement de la volonté de Dieu pour nos vies, la question n'est pas : « *Est-ce que je vais devoir traverser de l'opposition ?* » La vraie question est : « *De quelle manière est-ce que je vais traverser cette opposition ?* » J'aimerais te suggérer une nouvelle façon de voir l'opposition dans ta vie. Au lieu de la voir comme quelque chose de négatif, vois-la comme une opportunité. Une opportunité de dépendre plus de Dieu et de grandir dans la foi.

La foi est comme un muscle. Un muscle ne grandira pas et il ne deviendra jamais plus fort si tu restes assis à regarder Netflix en mangeant de la crème glacée. Pour qu'un muscle se développe, il doit être étiré et entrainé. C'est exactement ce que va faire l'opposition avec ta foi. L'opposition va étirer et entrainer ta foi. Plus il y aura de l'opposition, plus ta foi deviendra forte. Regarde comment Jacques, le frère de Jésus, parle de l'opposition :

| | |
|---|---|
| Jacques 1.2–4 | « Mes frères et sœurs, considérez comme un sujet de joie complète les diverses épreuves auxquelles vous pouvez être exposés, sachant que la mise à l'épreuve de votre |

foi produit la persévérance. Mais il faut que la persévérance accomplisse parfaitement sa tâche afin que vous soyez parfaitement qualifiés, sans défaut, et qu'il ne vous manque rien.»

Selon Jacques, nous devrions nous réjouir de faire face à l'opposition et l'adversité. Cela crée en nous la persévérance. En d'autres mots, l'opposition est une opportunité de faire grandir et de solidifier notre foi. Elle ne veut pas dire que tu n'es pas sur la bonne route ou que tu es hors de la volonté de Dieu. L'accomplissement de la vision de Dieu pour ta vie et l'opposition sont indissociables. Peu importe le visage qu'aura l'opposition, que ce soit la critique, le rejet ou l'injustice, saisis l'opportunité pour te tourner vers Dieu, lui faire confiance et le laisser te diriger.

# L'opposition est une opportunité pour dépendre encore plus de Dieu.

Jean-Philippe
Beaudry

# Section N°3

# Zones Grises
# LES DÉCISIONS

# Chapitre 10

# UNE VIE
# SANS REGRET

| Jean-Philippe Beaudry | «La seule chose plus difficile que de suivre Jésus, c'est de regretter de ne pas l'avoir fait.» |
|---|---|
| Philippiens 3.13–14 | «Frères et sœurs, je n'estime pas m'en être moi-même déjà emparé, mais je fais une chose : oubliant ce qui est derrière et me portant vers ce qui est devant, je cours vers le but pour remporter le prix de l'appel céleste de Dieu en Jésus-Christ.» |

Il y a quelques années de cela, j'ai eu une conversation avec un mentor qui m'a profondément marquée. Tu sais, le genre de conversation qui influence ta trajectoire de vie à jamais. Nous étions dans un restaurant plein à craquer, mais j'avais l'impression que nous n'étions que tous les deux. Je savais que cette conversation était importante et je buvais les paroles de cet homme. À un moment de notre conversation, il m'a dit la phrase suivante : « Je t'envie d'avoir dit "oui" à Dieu aussi jeune. J'ai perdu beaucoup de temps dans ma vie et je n'ai pas dit "oui" à la première occasion». Alors qu'il continuait de m'encourager à continuellement dire «oui» à Dieu lorsque je sentais qu'il m'appelait à faire quelque chose ou aller à un endroit, il m'a dit une chose qui m'a marqué à jamais : «*Mes plus grands regrets ne sont pas les erreurs que j'ai faites, mais les fois où je n'ai pas dit oui à Dieu.*»

96

Cette phrase m'a profondément percutée. Nous sommes restés au restaurant pendant plus de trois heures et pendant tout ce temps, il m'a raconté les erreurs qu'il avait faites en riant et en m'encourageant à prendre la décision de dire «oui» à Dieu aussi souvent que cela sera possible. «Dire "oui" à Dieu est la seule manière de vivre une vie sans regret», me disait-il. J'avais l'impression qu'il me prêchait un message au milieu d'une salle bondée de gens. Il m'encourageait à faire des pas de foi, à ne pas perdre de temps et à vivre pour Jésus à 100 %.

Cet homme m'a enseigné une des décisions les plus importantes que toi et moi pouvons prendre : celle de décider de vivre pour Dieu à 100 %. Peu importe ce que Dieu pourrait m'appeler à faire, je veux décider d'avance que ma réponse sera «oui».

Avoir une vision pour nos vies ne veut pas dire que cette vision s'accomplira par elle-même. La vision est primordiale et elle est le point de départ, mais elle n'est pas suffisante en elle-même. Pour que cette vision puisse prendre forme, nous devrons prendre toutes sortes de décisions qui nous mèneront vers son accomplissement. Nous étudierons plusieurs de ces décisions importantes dans cette section du livre.

Je crois qu'il existe une décision qui englobe toutes les autres décisions. En fait, cette décision influence toutes les autres : la décision de vivre pour Dieu, peu importe le prix à payer et les sacrifices à faire. Ce n'est pas le genre de décision que nous devrons prendre une seule fois, mais à chaque jour de nos vies. Bien sûr, il y aura des moments importants de nos vies où nous devrons décider de suivre Jésus malgré notre confort et nos désirs, mais cette décision doit également se prendre quotidiennement. Que chaque jour compte pour le Royaume de Dieu. Je veux choisir de suivre Jésus dans tous les détails de ma journée.

Ma prière alors que tu lis ces quelques lignes est que tu prennes la décision de vivre pour Dieu à 100 %. Je prie que tu prennes la décision de vivre une vie sans regret. Peut-être que tu as perdu du temps dans les dernières années, j'aimerais te dire qu'il n'est pas trop tard pour te reconsacrer à ce que Dieu a pour toi. Peut-être que depuis longtemps, tu procrastines dans ce que Dieu t'appelle à faire. Peut-être que tu as peur de te lancer dans le vide. Ma prière est que Dieu puisse utiliser ces quelques lignes pour te propulser dans ce qu'il a prévu pour toi et te faire surpasser la peur.

97

## Pas de plan B

Il y a plusieurs exemples dans la Bible d'hommes et de femmes qui peuvent nous inspirer à vivre une vie sans regret, mais je crois que l'histoire d'Élisée est particulièrement révélatrice. Au moment où nous rencontrons Élisée dans la Bible, il labourait les terres de son père et il prenait soin de ses animaux. Il n'y a rien qui nous indique qu'il était voué à une vie extraordinaire. En fait, à cette époque, les jeunes hommes comme Élisée étaient souvent destinés à reprendre l'entreprise familiale. Le père passait le flambeau à son fils, qui à son tour, passait le flambeau à son fils, ainsi de suite, de génération en génération. C'était la coutume de l'époque et la grande majorité des personnes étaient prises dans cette tradition. Mais un jour, Élisée prend une décision qui change sa vie à jamais : il décide de vivre pour Dieu à 100 %. La trajectoire de sa vie change complètement. À un point tel que nous en parlons encore aujourd'hui, des milliers d'années plus tard.

Un homme nommé Élie vint à sa rencontre et l'invita à le suivre. Élie était un homme de Dieu et lorsqu'il vint à la rencontre d'Élisée, il déposa son manteau sur lui en signe d'invitation à le suivre. Sans perdre un instant, Élisée décida de le suivre. Voici la scène en question :

| 1 Rois 19.19–20 | « Élie partit de là et rencontra Élisée, fils de Chaphath, qui était en train de labourer un champ avec douze paires de bœufs. Lui-même conduisait le douzième attelage. Élie s'approcha de lui et jeta son manteau sur lui. Élisée abandonna ses bœufs, courut derrière Élie et dit : " Je vais aller embrasser mon père et ma mère pour prendre congé d'eux, puis je te suivrai. Élie lui répondit : Va et reviens à cause de ce que je t'ai fait. " » |
|---|---|

À partir de ce moment, la vie d'Élisée bascula. Il n'aurait jamais pu imaginer à quel point cette simple décision allait changer sa vie. Nous avons le privilège de pouvoir regarder la vie d'Élisée avec une perspective que lui n'avait pas. Nous connaissons tout ce que Dieu a fait à travers sa vie suite à cette simple décision. Élisée a vécu pour Dieu pendant plus de 60 ans. Il a été conseiller pour plusieurs rois et il a été celui qui a accompli le plus grand nombre de miracles après Jésus dans toute la Bible.

La décision de vivre pour Dieu à 100 % implique un principe important, celui de ne pas avoir de plan B. Élisée n'a pas seulement décidé de suivre Élie, il s'est assuré qu'il n'avait pas de plan B. Il s'est assuré de ne laisser aucune autre option. Il lui aurait été facile de retourner à son champ et ses bœufs si ça devenait trop difficile de suivre Élie, alors Élisée s'est assuré qu'il ne pourrait pas y revenir en brûlant son équipement de laboureur et en faisant cuire ses bœufs.

| 1 Rois | «Élisée quitta Élie, prit une paire de bœufs et l'offrit en |
|---|---|
| 19.21 | sacrifice. Il se servit du bois de l'attelage pour faire cuire la |
| | viande et la distribua aux siens qui la mangèrent.» |

Élisée ne fait pas que laisser sa sécurité derrière lui, il fait un barbecue avec ses bœufs. Il y a un principe tellement important derrière ce simple verset. Faire cuire les bœufs n'a rien de particulièrement spécial. On le faisait régulièrement à l'époque. Ce qui sort de l'ordinaire dans ce verset, c'est le fait qu'Élisée utilise l'attelage de ses bœufs pour faire le feu. Ça, ce n'était pas une coutume de l'époque. Habituellement, on utilisait du bois qu'on trouvait pour faire les feux. L'attelage était un outil très important pour diriger les bœufs lorsqu'on labourait les champs. L'idée d'utiliser ce bois pour faire le feu paraissait complètement folle. Pour Élisée, c'était une façon de ne pas se garder de plan B. Il ne se donnait pas d'autres options que de suivre et de servir Élie. Même s'il avait voulu changer d'idée en cours de route, il ne pouvait pas revenir à son ancienne vie, il n'y avait plus bœufs et plus d'attelages pour y parvenir! Il n'avait plus de plan B.

De la même manière qu'Élie a appelé Élisée à le suivre, Dieu t'appelle à le suivre. Je suis convaincu qu'Élisée n'avait aucune idée de tout ce que Dieu allait faire avec sa vie suite à cette décision de suivre Élie. Imagine ce que Dieu pourrait faire avec ta vie si tu décidais de le suivre comme Élisée a décidé de suivre Élie. Sans possibilité de retourner en arrière, sans plan B. Pour expérimenter tout ce que Dieu a prévu pour toi, c'est la première décision à prendre.

Tu ne peux pas pleinement suivre Dieu vers les projets qu'il a formés pour toi en te gardant des portes de sortie tout près derrière toi. Tu sais, le genre de portes auxquelles tu peux facilement avoir accès juste au cas où ça devient trop difficile de suivre Dieu pleinement. Pour vivre une vie sans regret, tu dois brûler tes plans B. Tu dois brûler les choses qui pourraient t'empêcher de vivre pour Dieu à 100 %.

Un des plus grands pièges de l'accomplissement de la vision de Dieu pour nos vies, c'est la présence d'un plan B. Les plans B peuvent avoir plusieurs visages. Ils peuvent être des relations qui nous empêchent d'avancer

# Pour vivre une vie sans regret, tu dois brûler tes plans B.

Jean-Philippe
Beaudry

100

librement avec Dieu, des péchés qui nous freinent dans notre cheminement, un désir de sécurité ou de confort qui nous empêche de dire «oui» à Dieu par peur de manquer de ressources. Les plans B représentent toutes ces choses qui pourraient nous ralentir, nous bloquer ou nous empêcher de vivre pleinement pour Dieu.

Il est maintenant temps de brûler ces plans B, de faire comme Élisée et de ne se laisser aucune autre option sauf celle de suivre Dieu. Il est temps de s'offrir pleinement à Dieu, sans rien laisser derrière. Le moment est venu de prendre la décision de vivre une vie sans regret, parce que la seule chose plus difficile que de suivre Jésus, c'est de regretter de ne pas l'avoir fait.

Si pour suivre Jésus, tu dois laisser une relation, un certain confort, une carrière, des études ou une sécurité quelconque derrière toi, fais-le! Tu ne pourras jamais regretter la décision de suivre pleinement le Seigneur. À l'inverse, vivre avec le regret de ne pas l'avoir fait sera lourd à porter. Dieu nous promet que si nous le suivons pleinement, il a une vie d'abondance, des plans de bonheur et un futur prévu pour nous! Même si brûler notre attelage peut nous paraître difficile, ce que nous laissons derrière n'est rien comparé à tout ce que Dieu nous réserve. L'apôtre Paul le disait de cette manière:

| Philippiens 3.13–14 | «Frères et sœurs, je n'estime pas m'en être moi-même déjà emparé, mais je fais une chose : oubliant ce qui est derrière et me portant vers ce qui est devant, je cours vers le but pour remporter le prix de l'appel céleste de Dieu en Jésus-Christ.» |
|---|---|

## Pas de conditions

Récemment, j'ai dû changer de téléphone cellulaire parce que l'autre avait rendu l'âme. Je me suis rendu dans un magasin pour changer mon téléphone et au moment de signer le contrat avec l'entreprise, ils m'ont demandé de prendre connaissance et de lire toutes les conditions du contrat. Tu sais, ce sont les petits caractères illisibles qu'on ne lit jamais dans le bas des contrats. Même si nous voudrions les lire, c'est pratiquement impossible tellement ils sont petits. Ces conditions sont souvent là pour dégager l'entreprise de toute responsabilité si jamais il arrivait un problème quelconque avec l'appareil. En résumé, c'est un peu comme si l'entreprise est prête à s'engager avec nous, mais sans prendre le risque d'être responsable de quoi que ce soit. Si nous voulons faire affaire avec eux, nous n'avons pas le choix d'accepter toutes ces conditions.

La seule chose plus difficile que de suivre Jésus, c'est de regretter de ne pas l'avoir fait.

Jean-Philippe
Beaudry

Alors que je signais ce contrat, cette pensée m'est venue en tête : trop souvent, nous faisons la même chose avec Dieu. Nous sommes prêts à le suivre, mais nous avons toutes sortes de conditions que nous voudrions que Dieu accepte en signant le contrat. Oui je sais, tu penses sûrement que c'est un petit peu intense que je pense à ce genre de choses en signant un contrat de téléphone cellulaire. Quand tu es un prédicateur, tout peut devenir utile et se retrouver dans une prédication ou un livre !

Sais-tu ce qui est frappant dans l'histoire d'Élisée ? C'est qu'entre le moment où Élie invite Élisée à le suivre et le moment où Élisée décide de le suivre, il n'y a absolument rien ! Élisée abandonne tout sans hésitations ni questionnements et surtout sans conditions. Il prend la décision de s'engager à suivre Élie *sans aucune condition*. Élisée ne s'est pas informé sur ses futures conditions de travail. Il ne demande pas de salaire garanti, il ne s'informe pas sur le nombre de semaines de vacances qu'il aura par année, ni si son kilométrage allait lui être remboursé, ni même s'il allait recevoir des honoraires chaque fois qu'il allait prêcher. Élisée était prêt à suivre Élie sans condition. Il s'agit là d'une des raisons pour laquelle Élisée a vécu une vie sans regret : il a suivi et servi Dieu sans condition.

Élisée n'avait pas de plan détaillé ni de garanties, mais il était prêt à suivre Élie, peu importe où cela allait le mener. Le paradoxe de ce discours aujourd'hui tient dans le fait que nous vivons dans un monde où chacun veut s'engager sous certaines conditions seulement. Si les conditions ne nous conviennent pas, nous allons voir ailleurs. Je crois qu'il y a beaucoup de bon dans tout ça, surtout quand les conditions sont là pour protéger les droits des gens et des consommateurs. Le seul problème est que cette approche ne peut pas s'appliquer dans notre marche avec Dieu. Nous ne pouvons pas suivre Dieu en mettant nos propres conditions. « Seigneur, je suis prêt à te suivre, mais j'aimerais avoir un salaire garanti ». « Je suis prêt à te suivre Seigneur, mais je ne veux pas déménager à l'étranger, je veux te servir ici ». « Seigneur, je suis prêt à te suivre comme Élisée, mais je ne veux pas diminuer mon train de vie ». La liste pourrait continuer comme ça longtemps, parce que nous sommes très rapides à vouloir imposer nos conditions à Dieu. Le plus grand danger de cette approche, c'est qu'elle est souvent très subtile et discrète. Personne ne va dire tout haut qu'il exige certaines conditions, mais nous avons tous ce tiraillement à l'intérieur. Lorsque Dieu nous appelle et que nous calculons le prix que le suivre nous coûtera, nous aimerions apporter quelques conditions avant de signer l'entente. Comme un consommateur ferait avec une entreprise, nous reproduisons finalement ce à quoi nous sommes habitués.

103

La seule différence lorsque nous parlons de suivre Dieu, c'est que nous ne sommes pas appelés à être des consommateurs du Royaume de Dieu, mais des *contributeurs*. Nous ne suivons pas Dieu pour ce qu'il peut faire pour nous ou pour ce qu'il peut nous donner, nous le suivons parce que c'est notre privilège de le faire. Nous ne le suivons pas en cherchant nos intérêts ou nos bénéfices, nous le suivons et nous lui offrons nos vies pour qu'il se glorifie à travers celles-ci. Il a donné sa vie pour nous, alors nous lui consacrons la nôtre. Nous sommes appelés à tout lui donner, sans condition, et le laisser nous diriger. Les conditions que nous mettons devant Dieu avant de lui dire «oui» peuvent devenir nos plus grands regrets.

Il y a quelques années, j'ai connu un jeune homme exceptionnel. Alors que j'étais pasteur jeunesse, je l'avais remarqué. Son amour pour Dieu et son zèle pour le servir sortaient du lot. Un jour, il est venu me voir pour dire que depuis plusieurs mois, il sentait que Dieu l'appelait à aller se former pour le ministère et il désirait faire le grand saut. J'étais tellement heureux parce que nous avions eu plusieurs discussions sur le sujet et je croyais sincèrement qu'il était appelé par Dieu. Après quelques semaines, je suis allé vers lui pour lui demander s'il avait rempli son inscription pour le collège biblique. Il m'a répondu que non. Je lui ai demandé pourquoi, et sa réponse m'a tellement attristée : il a réalisé que s'il allait au collège biblique, il devrait quitter son emploi à temps plein et donc, qu'il devrait travailler à temps partiel et diminuer son train de vie. Il était célibataire et vivait en collocation avec un autre jeune de l'église. Il voulait servir Dieu, mais il n'était pas prêt à sortir au restaurant moins souvent, s'acheter moins de vêtements et moins voyager. Après plusieurs discussions ensemble, il n'a jamais changé d'avis. C'étaient ses conditions. Il était prêt à suivre Dieu, mais son train de vie l'en empêchait.

Nous nous sommes vus récemment et il me disait à quel point il regrettait de ne pas avoir pris la décision de dire «oui» à Dieu il y a plusieurs années. Les conditions qui l'ont empêché d'obéir à Dieu hier sont devenues ses regrets d'aujourd'hui.

Penses-tu qu'Élisée a regretté d'avoir suivi Élie sans condition? Bien sûr, il a vécu des hauts et des bas, mais crois-tu qu'il ait regretté d'avoir tout laissé derrière pour suivre Élie? Je suis persuadé que non. Il a laissé 24 bœufs derrière lui et Dieu a accompli 28 miracles à travers lui. Il a laissé derrière lui un simple champ à labourer et Dieu l'a utilisé pour bâtir son Royaume. Tu ne regretteras jamais de suivre Jésus sans condition.

# Les conditions qui t'empêchent d'obéir aujourd'hui deviendront tes regrets de demain.

Jean-Philippe
Beaudry

## Le principe de la page blanche

Un jour, un pasteur que j'aime beaucoup a illustré de manière brillante ce que veut dire suivre Jésus sans condition. Il a pris une feuille blanche, il a signé son nom dans le bas de la feuille et il nous a dit : « Suivre Jésus sans condition veut dire que je signe mon nom sur une page blanche en signe d'engagement et que je laisse Dieu mettre ce qu'il veut sur la feuille par la suite. Je m'engage avant même de savoir ce que Dieu m'appellera à faire. Je n'ai aucune condition. »

J'ai appelé cette illustration *le principe de la page blanche*. C'est le principe selon lequel je m'engage à laisser Dieu dessiner son plan et écrire mon histoire et ce, peu importe ce que cela impliquera. Je n'inscris aucune condition sur cette page. Je t'encourage à faire l'exercice. Trouve une feuille blanche, signe ton nom en bas de la feuille et laisse Dieu remplir le reste. « Seigneur, tu peux utiliser ma vie pour ta gloire, la cause de ton Église et l'avancement de ton Royaume. Envoi-moi où tu veux et fais-moi faire ce qui te semble bon, je suis à ta disposition. Je suis disponible maintenant pour aller n'importe où, faire n'importe quoi et servir n'importe qui. Je ne veux pas attendre de me sentir plus prêt, d'être marié ou d'avoir terminé mes études, *je suis disponible maintenant.* »

Prendre la décision de suivre Jésus à 100 % est la décision la plus importante que tu puisses prendre. Cette décision influencera toutes les autres. Comme Élisée, nous sommes appelés à suivre Jésus sans plan B et sans conditions. Je ne connais pas tous les projets que Dieu a préparés pour toi, mais je sais que la seule manière de vivre une vie sans regret, c'est de vivre pleinement pour lui.

Alors fonce et ne laisse rien te ralentir !

# Chapitre 11

# QUELLE PORTE CHOISIR?

| Jean-Philippe Beaudry | « Il n'y a aucune mauvaise décision pour laquelle Dieu n'a pas de porte de sortie. » |
|---|---|
| Psaumes 119.104–105 | « J'acquiers le discernement grâce à ta parole, c'est pourquoi je déteste toute voie de mensonge. Ta parole est une lampe à mes pieds et une lumière sur mon sentier. » |

Est-ce que tu t'es déjà retrouvé devant un dilemme? Le genre de dilemme où tu te retrouves face à deux portes et tu dois choisir une des deux? Est-ce que je mange les croustilles dans le garde-manger ou la pomme qui est sur le comptoir? Tu sais, ce genre de question existentielle.

La réalité est que lorsque nous voulons expérimenter la volonté de Dieu pour nos vies, nous ferons inévitablement face à ce genre de décision. Est-ce que c'est la volonté de Dieu que je continue de fréquenter cette personne ou non? Quelle porte choisir? Est-ce que c'est la volonté de Dieu que j'étudie dans ce programme ou dans un autre? Est-ce que c'est la volonté de Dieu que j'accepte cette offre d'emploi ou non? Et on pourrait continuer longtemps comme ça. Est-ce que je dois changer d'église oui ou non? Discerner la bonne porte à prendre n'est pas toujours simple.

Alors que parfois Dieu mettra devant nous des portes d'opportunités, qui sont très faciles à reconnaitre, d'autres fois nous ferons face à des *portes de décisions*. Ces portes se manifestent comme si nous arrivions à un « Y » et que nous devions choisir entre la porte de gauche et celle de droite. Il n'y a pas d'autres options et nous avons une seule chance de prendre la bonne décision. Nous avons alors l'impression que le reste de notre avenir se joue sur cette décision.

De façon générale, la majorité des gens sont terrifiés de prendre ce genre de décisions. La raison est simple : nous avons peur de prendre la mauvaise décision et de nous tromper. « Qu'est-ce qui va arriver si je prends la mauvaise porte ? » Est-ce que ce genre de situation t'est familier ? Comment être certain de prendre la bonne porte ? Comment être en paix avec la décision que nous prenons ?

## L'indécision demeure une décision

Lorsque nous sommes face à plusieurs portes différentes, décider quelle porte emprunter peut devenir une expérience tellement difficile qu'elle peut nous paralyser. Avoir à choisir entre deux portes peut devenir une expérience très difficile et stressante, particulièrement quand nous cherchons à connaitre la volonté de Dieu. L'idée de choisir la mauvaise porte et de s'éloigner de ce que Dieu avait prévu pour nous peut rendre la pression encore plus forte. Parfois, la pression de choisir la bonne porte devient tellement forte que c'est l'indécision qui l'emporte. Il devient plus facile de ne pas bouger, de faire du sur-place, que d'agir et de choisir une porte. Peut-être être que tu t'es déjà trouvé dans une situation similaire ?

Malheureusement, tellement de gens peuvent rater des opportunités de Dieu dans leur vie parce qu'ils préfèrent faire du sur-place plutôt que de choisir une porte. J'aimerais te suggérer que l'indécision demeure une décision. C'est la décision de ne pas avancer, et j'irais même jusqu'à dire que dans certains contextes, cela peut aller jusqu'à la décision de ne pas faire confiance à Dieu, le paradoxe étant que le prix à payer pour cela est souvent plus élevé que le prix d'une mauvaise décision.

Prenons par exemple quelqu'un qui se trouve face à deux portes et qui doit choisir. La décision que cette personne doit prendre peut être relationnelle, professionnelle, scolaire, ministérielle ou n'importe quelle autre sphère de sa vie. Nous serons tous un jour ou l'autre amenés à nous trouver dans cette position. Je te laisse choisir celle qui te semble la plus proche de ta réalité. Cette personne a tellement peur de se tromper et de prendre la mauvaise porte, qu'elle préfère rester sur place, attendre et perdre un temps précieux. Elle préfère le *statu quo* plutôt que de se commettre à choisir une porte.

La facture du *statu quo* sera toujours la facture la plus élevée de toutes les décisions. La raison est simple : lorsqu'une personne préfère le *statu quo* à prendre la décision d'avancer, elle prend la décision de passer à côté d'opportunités qui sont de l'autre côté des portes qui sont devant elle. Elle préfère rester là où elle est plutôt que de risquer de découvrir ce que Dieu pourrait avoir pour elle. Elle met en péril son futur par peur de prendre une mauvaise décision. Cette personne préfère mettre de côté tout ce qu'elle pourrait devenir et tout ce que Dieu pourrait avoir prévu pour elle simplement par peur de prendre une mauvaise décision.

Soyons honnêtes, personne ne choisit toujours la bonne porte. Aucun individu à un score parfait dans toutes les décisions de sa vie. Tout le monde va prendre la mauvaise porte à un moment ou à un autre. Sais-tu ce qui arrive une fois qu'une personne prend une mauvaise porte ? Elle peut choisir de prendre une nouvelle porte et réorienter sa vie vers ce que Dieu a prévu pour elle. Il n'y a aucune mauvaise décision pour laquelle Dieu n'a pas de porte de sortie. Avec le Seigneur, il n'y a aucune mauvaise décision qui soit finale, définitive et sans possibilité de rédemption.

Bien sûr, chaque mauvaise porte vient avec un prix à payer. Parfois on perd du temps, de l'énergie et parfois même de l'argent. Mais chaque mauvaise porte nous apporte également beaucoup de bonnes choses qu'il nous serait impossible d'acquérir autrement : l'expérience, la sagesse, une meilleure connaissance de soi, un discernement plus aiguisé de ce que Dieu m'appelle à être et à faire. Quand tu fais le total, l'indécision nous coûte toujours plus cher que de prendre une mauvaise décision.

## Direction divine ou décision humaine ?

L'apôtre Paul lui-même n'avait pas une direction précise de Dieu pour chaque décision qu'il prenait. Dans toutes les histoires de Paul dans la Bible, nous le voyons prendre des décisions sans nécessairement de mention que c'est Dieu qui l'a dirigé précisément dans cette direction. En fait, si nous étudions seulement le livre des Actes, nous découvrirons qu'il y a environ 14 endroits où Dieu semble donner une direction claire et précise à Paul, Pierre et quelques autres disciples. Que ce soit par Jésus lui-même, des visions, le Saint-Esprit ou un ange. 14 endroits où Dieu a clairement indiqué quelle porte choisir. Il n'y avait pas de place à interprétation, Dieu était clair.

# Le prix à payer de l'indécision est souvent plus élevé que le prix à payer d'une mauvaise décision.

Jean-Philippe
Beaudry

Cela devient intéressant lorsque nous étudions toutes les décisions qui sont prises dans le livre des Actes. Nous pouvons compter environ 84 décisions prises dans le livre au complet. Je dis environ, parce que parfois, d'une version à l'autre certains passages sont plus définis que d'autres, mais nous pouvons dire sans nous tromper qu'il y a environ 84 décisions prises dans le livre des Actes. Cela veut dire que seulement 14 des 84 décisions que nous voyons dans le livre semblent avoir été dirigées directement par Dieu. Ce qui veut dire qu'environ 70 décisions prises par Paul, Pierre ou d'autres disciples n'ont pas été prises suite à un ordre direct de Dieu ou une intervention divine quelconque, mais ce sont des décisions qu'ils ont prises eux-mêmes. Ça veut dire que cinq fois plus de décisions ont été prises sans signe particulier de Dieu qu'avec un signe précis du Seigneur.

Nous découvrons que plusieurs éléments différents ont motivé leurs décisions. Il n'y avait pas de formule particulière pour chaque porte de décisions. Comme si à chaque fois qu'ils se trouvaient devant des portes de décisions, différents motifs influençaient leurs prises de décisions. Parfois, ils voyaient une opportunité pour l'Évangile alors ils décidaient de rester quelque part. À d'autres endroits, lorsque la vie de Paul était en danger, il décidait de quitter pour protéger sa vie. Nous voyons particulièrement Paul prendre toutes sortes de décisions sans avoir de directions divines particulières. L'apôtre semblait avoir la sagesse et le discernement qui lui permettait de faire des choix sans pour autant toujours attendre un signe ou une parole précise de la part de Dieu. J'aimerais te suggérer que c'est ce à quoi nous devrions aussi aspirer.

## Ton appel est trop important

Je veux t'encourager à fuir l'indécision le plus possible. Lorsque tu fais face à des portes de décisions, fais tout ce qu'il est possible de faire pour ne pas tomber dans le piège du *statu quo*. Ton appel est trop important et le futur que Dieu a pour toi est trop grand pour que tu réduises tout ça à l'indécision. Même si cela aurait été vraiment utile que Dieu nous laisse un chapitre dans la Bible qui aurait eu pour titre quelque chose du genre de : « *Les 5 étapes pour prendre la bonne décision à tous les coups* », ce chapitre n'est malheureusement pas là. Ça ne veut pas dire pour autant que Dieu ne nous a pas laissé de principes très pratiques pour nous guider face à nos décisions.

## 3 principes pour guider tes décisions

Si tu fais face à des portes de décisions dans ta vie, voici quelques principes qui pourront t'aider à prendre des décisions qui t'amèneront plus près de la volonté de Dieu.

### Principe N°1 : La Parole et la prière

Je sais déjà ce que tu penses. Si tu es croyant depuis quelque temps, tu me diras que ce principe est cliché. Je ne dirai pas que tu as tort, mais si les gens le mettaient en pratique, je ne serais pas obligé de le mettre dans ce livre. Je ne considère pas avoir beaucoup d'expérience comme pasteur, mais je peux t'assurer que durant les dernières années où j'ai pu accompagner des dizaines des personnes dans des décisions qu'ils devaient prendre, très peu font de ce principe une priorité. Ce principe est malheureusement la dernière chose que les gens vont «essayer» pour trouver un sens de direction dans les décisions qu'ils doivent prendre. J'aimerais te suggérer aujourd'hui que la prière ne devrait pas être le dernier recours, mais plutôt *le premier réflexe*. Aussitôt que nous faisons face à des portes de décisions dans nos vies, notre réflexe devrait d'aller dans la présence de Dieu pour chercher sa perspective et sa direction.

Psaumes 119.104–105 : «J'acquiers le discernement grâce à ta parole, c'est pourquoi je déteste toute voie de mensonge. Ta parole est une lampe à mes pieds et une lumière sur mon sentier.»

La Bible est claire sur le fait que la Parole de Dieu apporte non seulement le discernement, mais aussi la clarté. L'étude de la Parole de Dieu te donnera la capacité de discerner les bonnes portes des mauvaises portes. En plus de cela, elle sera une lumière sur ton sentier. Littéralement, la Parole de Dieu viendra éclairer la route de ta vie. Elle vient mettre de la lumière à l'endroit où tu marches pour t'aider à non seulement choisir la bonne route, mais aussi à demeurer sur la bonne voie. Je le dirais de cette façon : quand tu te retrouves dans une zone grise, retourne à ce qui est noir sur blanc. Retourne à la Parole de Dieu et cherche la direction de Dieu. Dieu est le même hier, aujourd'hui et pour toujours et sa Parole demeurera toujours la source de notre foi et de notre espérance. Plonge dans la Bible, étudie-la et médite-la.

# La prière ne devrait pas être le dernier recours, mais notre premier réflexe.

Jean-Philippe
Beaudry

La Bible ne te dira peut-être pas le nom de ta future femme, mais elle te dira les caractéristiques, le caractère et les qualités que tu devrais chercher chez un homme ou une femme. La Bible ne te donnera peut-être pas le nom de l'entreprise pour laquelle tu devrais travailler, mais elle a beaucoup à te dire sur ce que devraient être tes priorités, sur ton intégrité et ton caractère, et la manière dont tu devrais gérer ton temps et ton argent. La Bible ne te dira peut-être pas quel rôle tu devrais avoir dans l'église, mais elle t'enseignera toujours de servir, peu importe si tu crois que tu devrais avoir un rôle plus important ou non. La Parole de Dieu et la prière te ramèneront toujours à ce qui est le plus important. Tu y trouveras des principes, des avertissements, des conseils et des leçons de vies qui développeront en toi la sagesse et le discernement de prendre de bonnes décisions.

Même si la Bible ne pourra pas toujours t'offrir une réponse précise à toutes tes questions, elle te fournira le cadre dans lequel Dieu te permet de prendre tes décisions. Le Seigneur ne te donnera pas toujours de signes particuliers pour te diriger dans tes décisions, mais il te donnera toujours les balises entre lesquelles il te donne la liberté de choisir.

**Principe N°2 : Les conseils des autres**

Lorsque tu fais face à des portes de décisions, est-ce que tu prends le temps de demander conseil à des gens de confiance autour de toi ? La Bible contient tellement de versets et d'exemples qui nous démontrent qu'une des façons dont Dieu nous donne la capacité de prendre de bonnes décisions, c'est par les conseils des autres.

| Proverbes 15.22 | « Quand on ne demande jamais conseil, les projets échouent. Mais avec beaucoup de conseillers, ils réussissent. » |
|---|---|

Difficile d'être plus noir sur blanc. Les gens qui sont autour de nous peuvent contribuer de plusieurs façons pour nous guider vers les bonnes décisions : ils peuvent nous donner une perspective différente sur la situation dans laquelle nous sommes. Ils peuvent également nous faire bénéficier de leurs expériences et de leurs erreurs pour éviter de les répéter. Souvent, il y a des gens dans notre entourage qui sont plus éduqués et plus expérimentés que nous-mêmes pour guider vers la bonne porte. Pour toutes ces raisons, demander les conseils des autres est un principe incontournable pour nous aider à prendre de bonnes décisions.

# Quand tu te retrouves dans une zone grise, retourne à ce qui est noir sur blanc.

Jean-Philippe
Beaudry

Dieu a utilisé le prophète Samuel pour diriger David dans les plans que Dieu avait pour lui. Que serait-il arrivé si Dieu n'avait pas envoyé Samuel ? On pourrait spéculer longtemps. Samuel a joué un rôle crucial dans la destinée de David. Que serait devenu Élisée si Élie n'était jamais venu le rejoindre au milieu d'un champ pour l'appeler à le suivre ? Nous n'aurons jamais la réponse, mais nous pouvons affirmer que la vie d'Élisée a été impactée à jamais. Nous pourrions parler d'Aaron et Moïse, de Moïse et Josué, de Paul et Timothée ainsi que de plusieurs autres encore. La Bible est remplie d'endroits où nous voyons Dieu qui utilise des gens pour guider d'autres gens.

Ceci étant dit, ça ne veut pas dire que nous devrions aller vers n'importe qui pour aller chercher des conseils. Ce n'est pas tout le monde qui peut nous guider vers les bonnes décisions. Loin de là. Il y a également des gens qui peuvent nous influencer vers les mauvaises décisions. La Bible est également assez claire là-dessus. Les gens vers lesquels nous allons pour avoir conseil doivent remplir certains critères incontournables. Dans la Bible, nous voyons souvent que les bonnes personnes sont des amis proches (David et Jonathan), des mentors dans la foi (Paul pour Timothée), des gens plus expérimentés dans leur domaine (Moïse pour Josué). Ces exemples ont quelques dénominateurs communs importants : les conseillers sont non seulement des modèles dans la foi, mais ils ont aussi le bien de l'autre à cœur. Les conseillers n'ont pas des vies parfaites, mais ils ont des vies solidement ancrées en Dieu. Nous avons tous ce genre de personnes autour de nous.

Je me souviens de tellement d'endroits dans ma vie où je devais prendre une décision importante et les conseils des gens autour de moi ont grandement contribué à prendre la bonne décision. Au tout début de mon ministère, lorsque je sentais que Dieu m'appelait peut-être à devenir pasteur, je me souviens très bien avoir demandé à des amis proches, des pasteurs de mon église et des modèles de foi s'ils voyaient cet appel sur ma vie. Je me rappelle comme si c'était hier qu'ils avaient tous confirmé voir cet appel de Dieu en moi et que je devais continuer de poursuivre dans cette direction. C'est comme si on m'avait enlevé une pression de mes épaules. Leurs conseils m'avaient littéralement confirmé quelle porte prendre. Je me rappelle aussi lorsque Valérie et moi commencions à nous parler davantage et qu'un intérêt commençait à se former de mon côté. Avant de vouloir m'engager dans une relation plus sérieuse avec elle, je m'étais mis à demander à des gens près de moi s'ils voyaient cette relation d'un bon œil ou non. La plupart des réponses que j'ai reçues ressemblaient à ceci : «*Elle est beaucoup trop bien pour toi ! Si j'étais toi, je tenterais ma chance tout de suite pour qu'elle ne change pas d'idée !*» Ces conseils, qui m'avaient un peu froissé (même s'ils avaient raison), ont grandement contribué à la décision que j'ai prise de tenter ma chance avec elle. Cette décision est devenue la seconde meilleure décision de ma vie, après celle de suivre Jésus.

Peut-être que tu fais face à une décision à prendre dans cette saison de ta vie, je t'invite à faire l'inventaire des gens autour de toi et à trouver les personnes qui sont des modèles de foi, qui sont plus expérimentés et qui ont ton bien à cœur pour aller chercher leurs conseils. Tu pourrais être surpris du niveau de clarté qu'ils pourront t'apporter dans tes prises de décision.

### Principe N°3 : La sagesse et le discernement

Le dernier principe que je voulais te partager est celui de développer la sagesse et le discernement dans ta vie. Ces deux qualités ne sont pas réservées seulement à certains individus, ce sont des qualités que nous sommes tous appelés à développer. Malheureusement pour plusieurs, la sagesse ne s'achète pas, elle ne peut qu'être développée et cultivée. Plus nous développons sagesse et discernement, plus nous arriverons à prendre de meilleures décisions. C'est ce que Paul nous appelle à faire dans sa lettre aux Philippiens :

Philippiens 1.9–10

« Voici ce que je demande dans mes prières : c'est que votre amour gagne de plus en plus en connaissance et en discernement pour que vous puissiez discerner ce qui est important. »

La sagesse nous donne la capacité de discerner ce qui est important et ce qui l'est moins dans des situations données. Elle nous donne la capacité de faire la différence entre non seulement les bonnes portes des mauvaises portes, mais aussi de faire la différence entre les bonnes portes et les meilleures portes. C'est là que le vrai défi réside. Faire la différence entre les bonnes choses et les mauvaises choses ne représente pas un grand défi. Habituellement, c'est assez facile de faire le bon choix entre les deux. Là où nous avons le plus besoin de sagesse, c'est lorsque nous sommes face à des portes qui semblent bonnes toutes les deux. La sagesse nous donne le discernement de choisir la meilleure porte.

Les bénéfices de développer la sagesse et le discernent sont très nombreux dans la Bible. En plus de nous aider à prendre de meilleures décisions, la sagesse nous apporte le bonheur, la paix, la protection et plusieurs autres bénéfices. Proverbes chapitre trois en énumère plusieurs comme celui-ci relié au bonheur :

118

| Proverbes 3.13 | «Heureux l'homme qui a trouvé la sagesse et l'homme qui possède l'intelligence!» |

## Signe ou sagesse?

La sagesse est clairement une qualité à laquelle Dieu nous appelle à aspirer et à développer dans nos vies. La Bible nous dit même de demander la sagesse à Dieu[9] parce qu'il veut nous l'accorder! Dans plusieurs situations où nous devons prendre des décisions, ce n'est pas un signe de la part du Seigneur dont nous avons besoin, mais c'est de développer la sagesse et le discernement qu'il nous appelle à avoir.

Il y a plusieurs situations où nous ne devrions même pas à avoir à demander à Dieu un signe ou une direction précise pour savoir quelle décision prendre. La sagesse et le discernement qu'il nous appelle à développer devraient être suffisants.

Avant d'être marié et d'être papa, je participais et j'animais plusieurs rencontres et réunions les soirs de semaine et les fins de semaine pour différents projets et ministères de l'église. Toutes ces réunions avaient pour but de faire avancer le Royaume de Dieu et la saison dans laquelle je me trouvais me permettait de m'impliquer à ce niveau-là. Depuis que je suis marié, et particulièrement depuis que je suis papa, je fais tout en mon pouvoir pour n'avoir aucune réunion les soirs de semaine et les samedis. Il y a quelques rares exceptions, mais ces réunions demeurent avant tout des exceptions. Cela veut dire qu'il y a toutes sortes de réunions auxquelles je n'assiste plus. Mes soirs et mon samedi sont pour ma femme et mes enfants.

Comment est-ce que j'ai pris cette décision? Est-ce que Dieu m'a envoyé un signe qu'il fallait que j'équilibre plus mon horaire? Est-ce que je ne devrais pas passer plus de temps à être dans des réunions pour faire avancer le Royaume de Dieu? La réponse est Non avec un «n» majuscule! Je suis à la maison les soirs de semaine et les samedis parce qu'Emma a des cours de gymnastique et des pratiques de soccer et c'est là que je dois être. L'église est remplie de leaders qui peuvent diriger certaines réunions sans moi, mais Emma et Jacob ont seulement un papa et c'est moi. Je n'ai pas besoin d'un signe particulier de Dieu pour savoir quelle est la bonne décision à prendre dans cette situation. Une simple dose de sagesse et de discernement est suffisante. Face à toutes les portes de décisions devant lesquelles nous nous retrouvons, très souvent la sagesse nous mènera vers la bonne décision.

Est-ce que tu devrais continuer ou arrêter cette relation? La sagesse t'amènera à te poser des questions pour discerner quelle porte choisir? Est-ce que cette relation t'approche ou t'éloigne de Dieu ? Est-ce que l'autre personne t'influence à devenir plus comme Jésus ? Est-ce que l'autre personne partage des valeurs fondamentales comme la pureté, l'honnêteté et l'intégrité ? Est-ce que cette relation serait considérée comme saine par mes proches ? Tes réponses à ces questions devraient déjà commencer à pointer vers une porte plus que l'autre.

Nous faisons tous face à des portes de décisions à un moment ou à un autre. Si c'est ton cas alors que tu lis ces quelques lignes, je t'encourage à aller dans la présence de Dieu et dans sa Parole, à demander conseil à des gens de confiance autour de toi et à développer la sagesse et le discernement pour entrer dans les plans que Dieu a prévu pour toi. Ne laisse pas la peur de te tromper t'empêcher de choisir une porte. Souviens-toi, il n'y a aucune mauvaise décision pour laquelle Dieu n'a pas de porte de sortie.

Ce n'est pas d'un signe de la part de Dieu dont tu as besoin, c'est de développer la sagesse et le discernement qu'il t'appelle à avoir.

Jean-Philippe
Beaudry

Il n'y a aucune mauvaise décision pour laquelle Dieu n'a pas de porte de sortie.

Jean-Philippe
Beaudry

# Chapitre 12

# LES PORTES D'OPPORTUNITÉS

Albert Camus    « Nos vies sont la somme de toutes
                nos décisions. »

1 Corinthiens   « Car une porte m'y est largement ouverte pour un travail
16.9            efficace, bien que les adversaires soient nombreux. »

Sheena Iyengar, chercheuse de l'université de Colombia, a découvert qu'en moyenne, une personne peut prendre consciemment environ 70 décisions chaque jour[10]. Si nous faisons le calcul, ça représente environ 25 550 décisions chaque année ! Si nous l'appliquons sur quelqu'un qui vivra 70 ans, nous arrivons à 1 788 500 décisions. Ça représente beaucoup de décisions et ça en fait donc un élément important de notre vie que l'on ne soupçonnait pas.

Certaines décisions sont plus importantes que d'autres, mais ce qui est sûr, c'est que chacune des décisions que nous prenons formera notre vie et notre futur. Les décisions que nous prenons tous les jours vont déterminer comment et jusqu'à quelle mesure nous allons expérimenter tout ce que Dieu a pour nous. Les décisions que nous prenons déterminent la direction de nos vies. Les décisions que nous prenons quotidiennement ont un impact insoupçonné dans nos vies. En effet, nous sommes très rarement conscients de leur portée sur le moment. Lorsque je pense à ma vie aujourd'hui et que j'analyse les décisions que j'ai pris qui m'ont amené jusqu'à l'endroit où je me trouve présentement, je suis aujourd'hui, je n'avais aucune idée de la portée de certaines décisions au moment où je les ai prises.

Je n'avais aucune idée de l'impact de la décision d'inviter Valérie à aller prendre un café un Starbucks un mercredi soir il y a plusieurs années. Cette décision a complètement changé le cours de ma vie. Cette simple décision a déclenché une série d'événements qui se sont transformés en un mariage et maintenant deux enfants! Je n'aurais jamais pensé que cette simple décision aurait complètement changé la direction de ma vie. Pourtant, c'est arrivé.

Je n'avais jamais soupçonné l'impact de ma décision de mettre une pause à mes études en administration pour m'inscrire au collège biblique pour y faire un certificat. J'étais convaincu que cette décision allait impacter seulement une année de ma vie, mais cette décision a plutôt complètement changé la direction de ma vie. Ma vie a complètement basculé suite à cette décision. Est-ce que j'avais la moindre idée de sa portée au moment où je l'ai prise? Pas du tout. C'est la puissance de nos décisions.

Poursuivre la volonté de Dieu pour nos vies nous poussera à prendre des décisions tous les jours. Choisir entre ce que Dieu veut et ce que nous voulons. Choisir entre ce qui nous rapproche de la vision de Dieu pour nos vies et ce qui peut nous en éloigner. Choisir entre développer l'appel sur nos vies et avoir une vie confortable. Nous pourrions continuer comme ça longtemps parce que la vision de Dieu pour nos vies va nous appeler à prendre toute sorte de décisions tous les jours. Dans cette section du livre, nous allons découvrir ensemble quels genres de décisions nous serons appelés à prendre, mais également nous allons découvrir comment trouver la paix dans les décisions que nous prenons.

## Les portes d'opportunités

Une des métaphores les plus employées pour imager les décisions que nous prenons est celle des portes. Je l'ai moi-même employée jusqu'ici. À l'instar des décisions, il y a plusieurs sortes de portes. Nous entendons parfois des expressions comme : « Voici une porte d'opportunité » ou « Je suis face à deux portes et je ne sais pas laquelle choisir » ou « Une porte s'est fermée ». Nous ferons face à différents types de portes tout au long de nos vies.

Dans ce chapitre, nous étudierons le premier type de porte : les portes d'opportunités. Dans la Bible, nous voyons que Dieu dirige par des portes

---

[10] Sheena Iyengar, « How to Make Choosing Easier, » TED talk, Novembre 2011, https://www.ted.com/talks/sheena_iyengar_choosing_what_to_choose

d'opportunités. Ces portes sont représentées par des moments, des endroits ou des opportunités que Dieu met devant nous pour que nous les saisissions. Nous retrouvons ces portes à plusieurs endroits de la Bible. Le buisson ardent était une porte d'opportunité pour Moïse. Lorsque le prophète Élie est venu poser son manteau sur le jeune Élisée, il s'agissait d'une porte d'opportunité pour Élisée. Une très grande porte d'opportunité s'est ouverte à Pierre lorsque Jésus s'est approché de lui pour l'inviter à le suivre. En fait, lorsqu'on se met à étudier les différentes histoires bibliques, on réalise très rapidement qu'une des manières que Dieu dirige, c'est par des *portes d'opportunités*.

Cette approche que Dieu utilise nous démontre quelque chose d'important sur son caractère : il n'est pas un Dieu de restrictions. Alors que plusieurs peuvent croire que le Dieu de la Bible est un Dieu de lois, de restrictions et de contraintes, les portes d'opportunités nous démontrent le contraire. Certainement que Dieu nous appelle à vivre selon ses standards et à mener une vie digne de sa Parole, mais il n'est pas un Dieu de restrictions, il est un Dieu de portes ouvertes !

Apocalypse 3.7–8

« Écris à l'ange de l'Église de Philadelphie : "Voici ce que dit le Saint, le véritable, celui qui a la clé de David, celui qui ouvre et personne ne peut fermer, celui qui ferme et personne ne peut ouvrir : Je connais tes œuvres. Voici, j'ai mis devant toi une porte ouverte que personne ne peut refermer." »

Le Dieu de la Bible est un Dieu de portes ouvertes. Lorsque Dieu ouvre une porte pour quelqu'un, il n'y a aucune personne, aucune parole prononcée et aucune situation qui peut venir fermer cette porte. L'apôtre Paul est un des personnages de la Bible qui a expérimenté d'incroyables portes ouvertes de la part de Dieu. Dans les lignes qui suivent, nous allons étudier comment Dieu a ouvert des portes pour Paul et découvrir comment nous pouvons discerner ces portes dans nos vies.

## Les portes ouvertes ou fermées ?

Paul voyageait de ville en ville pour annoncer la bonne nouvelle de Jésus, encourager les croyants qui s'y trouvaient et pour y implanter des églises. Bien que ce ne soit pas le cas partout où il est allé, il y a des villes que Paul visitait qu'il qualifiait de portes ouvertes.

| 2 Corinthiens 2.12 | «Je suis allé à Troas pour y annoncer la Bonne Nouvelle du Christ. J'y ai trouvé, grâce au Seigneur, des portes largement ouvertes à mon activité.» |
|---|---|
| 1 Corinthiens 16.8–9 | «Pour le moment, je resterai à Éphèse jusqu'à la Pentecôte, car une porte m'y est largement ouverte pour un travail efficace, bien que les adversaires soient nombreux.» |

Paul semblait trouver un sens de direction à ces portes ouvertes, puisqu'on voit qu'il a décidé de rester à Éphèse pour profiter des portes d'opportunités qui étaient devant lui. On peut le comprendre! Lorsque Dieu semble nous donner des opportunités et que sa faveur semble être sur ce qu'on fait, il est beaucoup plus facile de prendre la décision de rester à cet endroit. En ce sens, les portes d'opportunités nous aident à prendre des décisions.

Ce qui me frappe le plus dans le dernier verset, c'est la deuxième partie: «*bien que les adversaires soient nombreux.*» Dans la même phrase, Paul mentionne que la porte est largement ouverte pour lui, mais simultanément, il fait face à de nombreux adversaires. Comment est-ce possible? Comment est-ce que Paul peut voir une porte ouverte et en même temps être confronté à de l'opposition? Comment ces deux concepts peuvent-ils cohabiter? Est-ce que cette porte est vraiment ouverte? La présence de plusieurs adversaires semble plutôt lancer le message que cette porte est fermée. Habituellement, si je vois une porte d'opportunité, c'est que justement, il ne devrait pas y avoir d'adversaire, non? Paul semble nous enseigner le contraire.

Trop souvent, nous associons la volonté de Dieu pour nos vies avec facilité et simplicité. «*Si c'est la volonté de Dieu pour ma vie, alors ça devrait être facile.*» Nous nous disons que si Dieu ouvre une porte d'opportunité pour nous, alors il ne devrait pas y avoir de combats, de problèmes et de difficultés. On se dit que comme c'est Dieu qui nous dirige, toutes les portes devraient s'ouvrir sans aucune résistance. Certaines personnes vont se dire que si Dieu veut réellement que je marie cette personne, il va arranger les choses pour que tout se fasse sans effort et que tout devrait se développer sans embuches ni conflits. Ou d'autres personnes vont se dire que si c'est la volonté qu'ils aient cet emploi en particulier, ils n'auront pas à lever le petit doigt ou émettre leur candidature, parce que Dieu va tout orchestrer pour eux. Ou encore, j'ai déjà rencontré quelqu'un qui me racontait qu'il avait la conviction que Dieu l'appelait à être missionnaire dans un pays défavorisé, mais qu'il n'avait pas à travailler à essayer de lever des fonds pour tous ses projets, parce que Dieu allait pourvoir pour lui.

J'aimerais te suggérer que cette façon de penser peut te faire manquer beaucoup de portes d'opportunités dans ta vie. Si à chaque fois que tu fais face à de la résistance, tu crois que ça ne peut pas être une porte ouverte de Dieu, tu vas passer à côté de plusieurs opportunités de Dieu pour ta vie. Paul nous démontre clairement que les opportunités de Dieu ne sont pas synonymes de facilité et de simplicité. L'apôtre mentionne qu'une porte lui est largement ouverte, et qu'en même temps, il y a beaucoup d'adversaires. Il est en train de nous enseigner que ce n'est pas parce qu'une porte est difficile à ouvrir qu'elle n'est pas une porte d'opportunité. Le piège dans lequel plusieurs personnes tombent est celui de penser qu'une porte d'opportunité doit s'ouvrir automatiquement et facilement.

## Les portes ouvertes et les adversaires

Depuis le tout début de mon ministère, je n'ai jamais eu à solliciter des églises ou des ministères pour obtenir des occasions pour prêcher. Au moment où j'écris ces lignes, cela fait maintenant 7 ans que j'ai prêché mon premier message et depuis ce temps, je n'ai jamais cogné aux portes pour apporter la Parole. J'ai toujours eu des invitations. Pour reprendre les mots de l'apôtre Paul, j'ai toujours eu des portes ouvertes. J'ai toujours vu ces opportunités comme des portes ouvertes de Dieu (je les vois encore de cette manière d'ailleurs). Plus ces portes se multipliaient au fil du temps, plus la conviction que Dieu m'appelait à prêcher devenait ancrée solidement en moi.

Malgré ces portes d'opportunités, il y a une chose qui m'a longtemps tracassé : j'étais toujours très stressé avant de prêcher ! Même si je travaillais fort pour bien ma préparer et que je priais tout au long de ma préparation, chaque fois que je devais aller prêcher quelque part, j'étais vraiment stressé. Je me disais : « Si c'est vraiment la volonté de Dieu que je prêche, pourquoi suis-je autant stressé ? » Je croyais profondément que si prêcher était la volonté de Dieu pour ma vie, je ne devais pas faire face à ce genre de résistance. Dieu devait normalement me donner sa paix, non ? Pourquoi est-ce que j'expérimentais autant de stress alors ?

Un jour, j'ai été voir pasteur Claude Houde pour lui demander : « *Est-ce que c'est normal que je sois stressé avant de prêcher ? J'imagine que vous n'êtes jamais stressé ?* » Sa réponse a changé ma perspective sur les portes d'opportunités de Dieu. Il m'a répondu : « *Ça fait plus de 30 ans que je prêche, et ça fait plus de 30 ans que je suis stressé avant de prêcher.* » Il m'a expliqué

# Ce n'est pas parce qu'une porte est difficile à ouvrir qu'elle n'est pas une porte d'opportunité.

Jean-Philippe
Beaudry

que ce n'est pas parce que Dieu nous appelle à faire quelque chose ou à aller quelque part, qu'il n'y aura pas de combats et de résistance. Au contraire. Cette conversation a changé ma façon de voir les portes d'opportunités de Dieu. Aujourd'hui, je suis encore stressé avant d'aller prêcher, cependant je ne le vois plus comme quelque chose qui pourrait me disqualifier de mon appel, mais plutôt comme un adversaire que je dois surmonter pour entrer dans ce que Dieu a prévu pour moi.

## Les portes difficiles à ouvrir

Dieu a ouvert une large porte d'opportunité à Paul d'aller à Éphèse et à d'autres endroits pour y faire son ministère, mais l'auteur de la lettre aux Romains va faire face à beaucoup d'adversaires. Paul va être utilisé de Dieu puissamment, mais il va devoir continuer malgré l'opposition. Les églises ne vont pas se bâtir sans effort et le message de l'Évangile ne va pas se répandre sans persévérance. Paul va devoir défendre sa foi, continuer malgré les critiques, garder ses yeux sur Jésus, puiser ses forces en Dieu et dépendre de lui.

Les portes difficiles à ouvrir vont t'amener à faire comme Paul tout au long de son ministère : dépendre de Dieu. Dieu ne t'ouvrira pas une porte où tu n'as pas besoin de lui. Chaque fois que le Seigneur va mettre devant toi une porte ouverte, des adversaires vont vouloir s'opposer. Chaque fois que tu feras face à une telle porte, Dieu sera toujours là pour te donner la force et te rendre capable d'accomplir sa volonté dans ta vie.

Les portes ouvertes et les adversaires sont inséparables. Ne fais pas demi-tour parce qu'une porte est difficile à ouvrir. Persévère, appuie-toi sur Dieu, fais-lui confiance et laisse-le te diriger dans les portes qu'il a prévues pour toi.

# Dieu ne t'ouvrira pas de portes là où tu n'auras pas besoin de lui.

Jean-Philippe
Beaudry

# Chapitre 13

# LES PORTES FERMÉES

| Jean-Philippe Beaudry | «Dieu utilise les portes fermées pour nous diriger dans notre destinée.» |
|---|---|
| Actes 16.6–8 | «Ils traversèrent la Galatie phrygienne parce que le Saint-Esprit les avait empêchés d'annoncer la Parole dans la province d'Asie. Parvenus près de la Mysie, ils se proposaient d'aller en Bithynie; mais, là encore, l'Esprit de Jésus s'opposa à leur projet. Ils traversèrent donc la Mysie et descendirent au port de Troas.» |

Est-ce que tu t'es déjà retrouvé face à une porte fermée? Tu voulais entrer quelque part et tu es tombé face à face avec une porte barrée. Impossible d'y entrer. Tout le monde a déjà expérimenté ce genre de situation. La soirée où j'avais oublié mes clés à l'intérieur de la voiture et que toutes les portes étaient verrouillées restera longtemps gravée dans ma mémoire. Particulièrement parce qu'il pleuvait à boire debout et que j'ai dû attendre une bonne trentaine de minutes qu'un taxi vienne m'aider à ouvrir ma portière. J'étais complètement trempé et gelé. J'ai été malade pendant quelques jours après cet événement. Le bon côté de cette histoire, c'est que j'ai appris une bonne leçon et je n'ai plus jamais oublié mes clés dans ma voiture depuis ce jour.

Même si c'est une expérience vraiment désagréable, il y a toujours une manière de pouvoir ouvrir une portière de voiture barrée. Par contre, il y a certaines portes que nous ne pouvons tout simplement pas ouvrir, peu importe l'effort que nous pourrions y mettre. Il y a des portes sur lesquelles nous n'avons tout simplement pas le contrôle ni le pouvoir de décider de les ouvrir. Peut-être que tu t'es déjà retrouvé devant une porte de ce type-là. Ce genre de porte peut être représenté par une personne qui vient fermer la porte de votre relation et tu n'as pas le pouvoir de la rouvrir. Les portes fermées peuvent être un employeur qui t'annonce que tu n'as plus d'emploi. Pour certaines personnes, c'est l'incapacité d'avoir des enfants qui représente une porte fermée impossible à ouvrir. Pour d'autres, c'est la maladie qui arrive et qui vient les confiner physiquement et émotionnellement à un endroit où il semble n'y avoir aucune issue.

Les portes fermées sont partout autour de nous : des ambitions qui sont freinées par des événements hors de notre contrôle, des rêves qui semblent inatteignables ou des projets qui partent en fumée. Nous pensions entrer dans ce que Dieu avait pour nous et la porte s'est fermée soudainement.

Nous expérimentons tous des portes fermées de différentes natures et intensités. Ces portes peuvent nous décourager, nous frustrer et parfois même nous amener à vouloir tout abandonner. Pourquoi est-ce que je fais face à ce blocage ? Pourquoi cette porte est-elle là ? Comme ces portes semblent être inévitables, il est primordial d'apprendre à négocier avec celles-ci et surtout de prendre les bonnes décisions lorsque nous faisons face à ce genre de portes.

## Porte fermée ? Prochaine porte !

L'apôtre Paul lui-même n'a pas seulement expérimenté des portes ouvertes dans sa vie, il a eu son lot de portes fermées. Il avait des projets qui ont été freinés et des plans qui ne se sont jamais accomplis. Il a dû développer sa capacité à prendre les bonnes décisions lorsqu'il faisait face à ces portes. Voici un exemple de porte fermée que Paul a rencontré :

| Actes 16.6–8 | « Ils traversèrent la Galatie phrygienne parce que le Saint-Esprit les avait empêchés d'annoncer la Parole dans la province d'Asie. Parvenus près de la Mysie, ils se proposaient d'aller en Bithynie ; mais, là encore, l'Esprit de Jésus s'opposa à leur projet. Ils traversèrent donc la Mysie et descendirent au port de Troas. » |
| --- | --- |

Paul avait comme projet d'aller poursuivre son ministère dans la province d'Asie et se dirigeait vers cette destination. Le texte nous dit que le Saint-Esprit l'a empêché d'aller annoncer la parole dans cette région. Alors que Paul fait face à cette porte fermée, il essaie d'aller dans une autre direction, mais encore une fois, Dieu s'est opposé à son projet. Une autre porte fermée. En seulement trois versets, Paul fait face à deux portes fermées. À deux reprises, ses plans ne fonctionnent pas. Est-ce que tu t'es déjà retrouvé dans une situation similaire où tu as l'impression qu'à chaque fois que tu essaies d'avancer, tu frappes une porte fermée? Paul est dans cette situation. La Bible est silencieuse sur les états d'âme de Paul à ce moment-là, mais nous pouvons déduire que l'apôtre devait fort probablement se poser beaucoup de questions. Si tu toi aussi tu fais face à des portes fermées, laisse-moi te dire que tu as le droit de te poser des questions. La bonne nouvelle dans l'histoire de Paul, c'est que Dieu ne le laisse pas seul. Dieu avait d'autres plans pour lui. Les portes fermées n'étaient pas finales pour Paul. Poursuivons l'histoire:

| Actes 16.9–10 | «Là, Paul eut une vision au cours de la nuit: un Macédonien se tenait devant lui et le suppliait: "Viens en Macédoine et secours-nous!" À la suite de cette vision de Paul, nous avons aussitôt cherché à nous rendre en Macédoine, car nous avions la certitude que Dieu lui-même nous appelait à y prêcher la Bonne Nouvelle.» |
|---|---|

Après avoir frappé deux portes fermées consécutives, Paul se retrouve à un endroit qu'il n'avait pas prévu et un événement insoupçonné se produit: Dieu se révèle à Paul en lui donnant une nouvelle direction et un appel clair: celui d'aller prêcher la Bonne Nouvelle en Macédoine. Quelle tournure d'événement incroyable!

Les portes fermées que Paul a rencontrées l'ont redirigé dans les plans que Dieu avait pour lui. Alors que souvent nous percevons les portes fermées comme des échecs ou des défaites, cette histoire nous enseigne que Dieu peut utiliser les portes fermées de nos vies pour nous rediriger dans ses plans pour nos vies. Les portes fermées que Paul a frappées l'ont redirigé directement dans la destinée que Dieu avait prévue pour lui. Si c'est vrai pour Paul, c'est aussi vrai pour toi et moi. Dieu peut se servir de n'importe quelle porte fermée de nos vies pour nous rediriger à l'endroit où il nous veut.

Dans un sens, une des meilleures choses qui puisse nous arriver, c'est que Dieu ferme une porte qui n'est pas destinée à nous faire entrer dans ce qu'il

# Les portes fermées ne sont pas des échecs, mais des redirections.

Jean-Philippe
Beaudry

a prévu pour nous. Laisse-moi te dire qu'il vaut mieux que Dieu ferme la porte d'un certain emploi si cet emploi n'était ce que Dieu avait de meilleur pour toi. Il vaut mieux que la porte d'une relation se ferme si cette relation n'était pas ce que Dieu voulait pour ta vie. J'irais même jusqu'à te dire que, comme Paul, il vaut mieux que la porte de tes projets se ferme pour que tu puisses entrer dans les projets de Dieu. Parfois, la meilleure chose qui puisse t'arriver, c'est une porte fermée.

## Une question de perspective

Dieu avait vu le besoin en Macédoine et il voulait y envoyer Paul. Le Seigneur a dû lui fermer deux portes pour s'assurer que Paul irait annoncer la Bonne Nouvelle dans cette région. J'aimerais t'encourager aujourd'hui en te disant que lorsque tu fais face à une porte fermée dans ta vie, Dieu ne t'a pas oublié et il n'est pas indifférent à ce que tu traverses. S'il ferme une porte, c'est assurément parce qu'il en a une autre bien meilleure prévue pour ta vie. Dieu utilise les portes fermées pour nous rediriger, mais également pour nous protéger. Même si sur le coup il est difficile pour nous de voir les choses de cette manière, nous devons prendre la décision de mettre notre confiance en Dieu malgré les portes fermées.

| Proverbes 2.8 | « Il protège ainsi les sentiers de l'équité et il veille sur le chemin de ses fidèles. » |
|---|---|

Dieu a une perspective que toi et moi n'avons pas. En tant qu'être humain, nous avons une perspective limitée. Nous ne voyons que d'un seul côté de la porte et Dieu voit les deux côtés. Lui voit des choses que toi et moi ne pouvons pas voir. Dieu connait les choses que toi et moi ignorons. Le Seigneur voit les répercussions et les conséquences que cette porte pourrait avoir sur ton futur. Ce que tu ne vois pas. Parfois Dieu va fermer une porte pour te protéger de ce qui se trouve de l'autre côté. Il ne permettra pas que cette relation continue, non pas pour te rendre la vie misérable, mais pour te protéger et préparer pour une meilleure relation. Parfois, Dieu ne te permettra pas d'avoir plus de responsabilités parce qu'il sait que tu n'es pas encore prêt à porter ce genre de charge. À chaque fois que Dieu ferme une porte, c'est toujours parce qu'il a une meilleure porte pour toi. Dieu ne ferme jamais une porte à moins qu'il sache qu'il est mieux pour une personne que cette porte reste fermée.

## Porte fermée, porte ouverte

Il y a plusieurs années, alors que je servais comme pasteur adjoint dans un ministère de jeunes adultes, j'ai reçu une offre que tout jeune homme dans le ministère rêverait de recevoir. On m'offrait de participer à un projet d'implantation d'église dans lequel je serais le pasteur principal et dans lequel je pouvais choisir l'endroit de l'implantation. Comme si ce n'était pas assez, on m'offrait un salaire temps plein dès le jour un. Inutile de te dire que ce salaire était supérieur à celui que je recevais comme pasteur adjoint à l'époque.

Non seulement cette offre semblait tomber directement du ciel, mais elle arrivait dans une saison où je sentais que j'étais prêt à affronter de nouveaux défis dans le ministère. Après plusieurs années à servir comme pasteur adjoint, je sentais que cette saison allait se terminer bientôt. J'en ai tout de suite parlé avec ma femme et nous étions tous les deux sous le choc de cette offre. Nous avions demandé un délai de deux semaines pour prier, jeûner et demander conseil à certaines personnes avant de rendre notre décision.

À l'époque, j'aurais voulu que Dieu nous confirme que c'était la bonne route à emprunter. Ce projet m'emballait tellement. En réalité, c'est tout le contraire qui s'est produit. Tout ce que je lisais, tout ce que j'entendais et les conseils que je recevais pointaient dans la direction de ne pas accepter cette offre. Ce furent deux semaines pénibles. Valérie et moi n'avions aucune paix d'accepter cette offre. J'ai eu de la difficulté à dormir pendant ces deux semaines. J'étais presque tourmenté face à cette décision. Même si j'avais vraiment voulu l'accepter, je n'étais pas capable. J'essayais de me convaincre que c'était la bonne décision, mais c'est comme si Dieu ne nous donnait pas sa paix face à ce projet. Nous avions une réelle impression que le Seigneur fermait cette porte.

Au bout de deux semaines éprouvantes, Valérie et moi avons refusé l'offre. Nous n'avions tout simplement pas la paix de l'accepter. C'est comme si nous sentions que Dieu nous appelait à rester plantés là où nous étions. Même si j'aimais beaucoup mon église et l'équipe avec laquelle je travaillais, cela me faisait mal au cœur de refuser une offre aussi alléchante.

Un mois après que cette porte se soit fermée, la vie avait repris son cours normal. Je continuais de servir comme pasteur adjoint, mais je repensais constamment à l'offre que nous venions de refuser en essayant de comprendre ce que Dieu voulait nous enseigner dans tout ça. Un matin comme les autres, alors que j'arrivais à l'église pour travailler, le pasteur principal de la jeunesse où je servais m'a demandé si j'avais du temps pour qu'on se parle.

Parfois, la meilleure chose qui puisse t'arriver, c'est une porte fermée.

Jean-Philippe
Beaudry

J'ai accepté immédiatement et je suis allé le rejoindre dans son bureau. Il m'a alors annoncé qu'il quittait ses fonctions pour répondre à l'appel de Dieu pour implanter une église. J'étais sous le choc. Je ne m'y attendais pas du tout. Je suis sorti de son bureau à la fois content pour lui et triste de perdre un ami aussi précieux. Quelques minutes plus tard, le pasteur principal de l'église, pasteur Claude Houde, m'appela pour me demander si j'avais quelques instants de libre pour aller le rencontrer. Évidemment, j'ai accepté tout de suite. Pasteur Claude est un homme occupé et lorsqu'il veut te rencontrer, tu acceptes tout de suite. Cette rencontre a changé le cours de ma vie. Pasteur Claude m'a offert le poste de pasteur principal d'Impact Jeunesse, le groupe de jeunes adultes, en me disant que lui et l'équipe de direction de l'église étaient convaincus que c'était la volonté de Dieu.

Inutile de te dire que j'étais sous le choc. Immédiatement, je me suis mis à penser à l'offre que Valérie et moi venions de refuser parce que nous sentions que Dieu nous fermait la porte. Le Seigneur avait fermé une porte pour nous en ouvrir une meilleure. Nous avons pris une semaine pour prier, jeûner et demander conseil autour de nous et la paix que nous ressentions en acceptant l'offre est difficile à décrire. C'est comme si nous savions au plus profond de nos êtres que c'était la bonne décision à prendre.

## Reconnaissants pour les portes fermées

Au moment où j'écris ces lignes, après plusieurs années à avoir servi comme pasteurs principaux d'Impact Jeunesse, Valérie et moi avons maintenant passé le flambeau de ce merveilleux ministère qui a maintenant changé de formule. Nous ne serons jamais assez reconnaissants à Dieu pour la porte qu'il avait fermé pour le projet d'implantation. Cette porte close nous a propulsés dans les projets que le Seigneur avait pour nous.

Peut-être que tu te retrouves devant une porte fermée dans cette saison de ta vie. Je prie que ce simple témoignage puisse renouveler ta foi dans la perspective que Dieu voit des choses que tu ne vois pas et qu'il connait les plans qu'il a formés pour toi. Si une porte se ferme, c'est parce que Dieu en prépare une meilleure. Devant cette porte fermée, ne te laisse pas emporter par le découragement, la frustration et la déception. Sois audacieux, et commence à remercier Dieu pour cette porte fermée. Remercie-le pour cette relation qui est terminée, ou cette promotion que tu n'as pas obtenue, ou pour ce projet qui ne se déroule pas comme tu le souhaiterais. Dieu a une meilleure porte pour toi. Les portes fermées sont aussi importantes que les portes ouvertes parce que Dieu s'en sert toujours pour nous amener dans notre destinée.

# Les portes fermées sont tout aussi importantes que les portes ouvertes.

Jean-Philippe
Beaudry

# Section N°4

# Zones Grises
# LES SAISONS

# Chapitre 14

# VEUX-TU SAUTER DES ÉTAPES ?

| Jean-Philippe Beaudry | «Avant de faire une œuvre à travers nous, Dieu doit faire une œuvre en nous.» |
|---|---|
| 1 Corinthiens 3.6–7 | «J'ai planté, Apollos a arrosé, mais c'est Dieu qui a fait grandir. Ainsi, ce n'est pas celui qui plante ni celui qui arrose qui comptent, mais Dieu, qui donne la croissance.» |

Nous vivons dans une culture qui nous pousse constamment vers la prochaine saison, la prochaine étape. Si tu es au secondaire, tu dois rapidement décider dans quel domaine tu veux poursuivre tes études. Une fois que tu as décidé, on te pousse à te trouver un emploi. Une fois sur le marché du travail, tu dois maintenant penser à fonder une famille. Tu dois alors trouver quelqu'un et prévoir avoir des enfants. Jusqu'au moment où tu seras «arrivé» au standard de l'accomplissement : un bon emploi, marié, deux enfants, un chien et une minifourgonnette !

Évidemment, j'exagère un petit peu, mais pas tant que ça. Nous vivons dans un monde où la prochaine étape, ou la prochaine saison semble toujours plus attrayante et excitante que la saison dans laquelle nous sommes. Tout le monde court après ce qui s'en vient dans une sorte d'insatisfaction perpétuelle de la saison dans laquelle nous sommes. Le prochain iPhone, la prochaine voiture, la prochaine maison, la prochaine relation, bref, la prochaine étape. Pendant qu'on se projette constamment vers la prochaine saison de nos vies, nous finissons par passer à côté de la saison dans laquelle nous nous trouvons. Ce n'est pas seulement vrai pour nos emplois ou nos relations, c'est aussi vrai avec notre foi. Parfois, nous voulons tellement expérimenter tout ce que Dieu a pour nous, nous sommes tellement impatients d'être dans la prochaine saison et tout ce qui vient avec que nous passons à côté de ce que le Seigneur veut faire dans la saison actuelle de nos vies.

## La volonté de Dieu et les saisons

La volonté de Dieu s'expérimente par saison. Par exemple, la saison dans laquelle Dieu dépose une vision sera toujours différente de la saison dans laquelle cette vision deviendra réalité. De plus, entre ces deux saisons se trouvera une et parfois plusieurs autres saisons. Le Dieu de la Bible est un Dieu de saisons, d'étapes. Tu n'as qu'à regarder les premiers chapitres de la Bible pour réaliser à quel point la volonté de Dieu se manifeste étape par étape. Dieu n'a pas tout créé d'un seul coup, en une seule journée. Dieu a d'abord créé le ciel et la terre, puis il a créé la lumière et l'a séparée des ténèbres et ainsi de suite. Pendant six jours, Dieu a créé le monde dans lequel nous vivons étape par étape.

Dieu s'est révélé à nous par étapes également. C'est ce que les théologiens appellent la révélation progressive. Il s'est révélé à Adam d'une certaine manière. Par la suite, il a donné à Moïse la loi qu'il nous appelait à suivre, ensuite il a parlé à travers les prophètes, après il a envoyé son fils Jésus et finalement il nous a envoyé son Saint-Esprit. Tous ces types de révélations ont pris place dans des saisons différentes parce que Dieu est un Dieu de saisons.

J'aimerais te suggérer que lorsque Dieu veut faire une œuvre dans nos vies et à travers nos vies, il agit avec la même approche : par étapes. La Bible dit qu'il y a un temps pour chaque chose et cela inclut la volonté de Dieu dans nos vies. Apprendre à discerner dans quel type de saison nous sommes est un des plus grands défis auquel nous aurons à faire face. Il y a un temps où Dieu veut semer des choses dans nos vies, et il y aura une saison où ces semences porteront leurs fruits. La semence et le fruit ne cohabitent pas dans la même saison.

Dans la Bible, le principe de semer et récolter revient à plus de soixante reprises. Les premiers lecteurs des textes bibliques comprenaient très bien cette métaphore puisqu'une très large portion de leur économie reposait sur l'agriculture. Leur survie en dépendait. Ils connaissaient la différence entre l'étape de la semence et l'étape de la récolte. Surtout, ils savaient qu'entre ces deux étapes, il y avait une étape cruciale: l'attente. Chaque étape est cruciale et importante et il est difficile d'en sauter une. Il nous sera impossible de récolter si une semence n'a pas été semée et nous ne pourrons pas voir les fruits de cette semence sans attendre qu'elle pousse et se solidifie. Cette métaphore empruntée du monde de l'agriculture nous enseigne beaucoup sur la manière dont la volonté de Dieu se développe dans nos vies. L'apôtre Paul le dira de cette façon:

Galates
6.7–9

«Ne vous faites pas d'illusions: on ne se moque pas de Dieu. On récolte ce que l'on a semé. Celui qui sème pour satisfaire ses propres désirs d'homme livré à lui-même récoltera ce que produit cet homme, c'est-à-dire la ruine. Mais celui qui sème pour l'Esprit moissonnera, ce que produit l'Esprit: la vie éternelle. Faisons-le bien sans nous laisser gagner par le découragement. Car si nous ne relâchons pas nos efforts, nous récolterons au moment opportun.»

Les mots de Paul ne pourraient être plus clairs: il n'y a pas de raccourcis avec Dieu. Nous récolterons toujours ce que nous avons semé, et ce, peu importe la nature, de ce que nous avons semé. La bonne nouvelle de ce texte est que Paul nous donne une formule qui nous assurera de récolter ce que Dieu a pour nous. Il n'y a pas de cachette ou de formule secrète à laquelle très peu de gens ont accès. Paul nous dit comment expérimenter ce que Dieu a pour nos vies: nous allons récolter ce que nous aurons semé. Point. C'est comme ça que Dieu fonctionne. Semer, attendre et récolter.

## Le monde à l'envers

Ce principe est peut-être clair, mais il n'est certainement pas populaire dans le monde dans lequel nous vivons. L'idée de semer quelque chose et d'attendre de pouvoir le récolter est une idée vraiment contre-culturelle. Nous vivons dans un monde où nous voulons récolter sans avoir besoin de semer. Nous voulons acheter et posséder des choses, mais sans avoir l'argent. Visa fera l'affaire. Nous voulons coucher avec qui nous voulons, mais sans l'engagement qui devrait aller avec cette intimité. Nous vivons dans une génération où tout le monde veut avoir une plateforme et être reconnu, mais où très peu ont le caractère qui va pouvoir soutenir cette plateforme. Nous vivons au milieu d'un monde qui veut les résultats, mais sans passer par le processus qui produit ce résultat. Durant le reste de ce chapitre, nous allons développer chaque étape de cette formule : semer, attendre et récolter. Dans le même ordre, j'appellerais ces étapes l'étape de l'insignifiance, l'étape de l'obscurité et l'étape de l'accomplissement.

## Étape N°1 : Insignifiance

Dieu peut faire beaucoup avec peu. Il peut faire beaucoup avec une petite prière, un petit acte d'obéissance ou un petit pas de foi. Le Seigneur aime utiliser ce qui semble être insignifiant pour se glorifier. Lorsqu'il enseignait, Jésus utilisait parfois l'image d'un grain de moutarde pour illustrer à quel point une semence peut être petite. Dans Matthieu au chapitre treize, Jésus va même jusqu'à dire que c'est la plus petite des semences. En effet, un grain de moutarde mesure environ un ou deux millimètres de diamètre et est aussi lourd qu'une poussière. Comment quelque chose d'aussi petit et insignifiant pourrait-il produire quelque chose de significatif ? Malgré sa petite taille, ce grain de moutarde, lorsqu'il est planté, peut devenir une des plus grandes plantes du potager ! Elle peut mesurer jusqu'à quinze pieds de hauteur et vingt pieds de largeur. Assez impressionnant pour une semence aussi petite.

Le principe spirituel est directement lié : si tu ne plantes pas la semence que Dieu t'a donnée, elle ne pourra jamais grandir et germer. Il n'y a pas de raccourci. À chaque fois que tu vois du fruit dans la vie ou dans le ministère de quelqu'un, rappelle-toi qu'avant que ces fruits soient là, cette personne a dû semer la semence que Dieu lui avait donnée. Je vais te donner quelques exemples concrets.

Si Dieu t'a donné une vision de prêcher la Parole, n'attends pas d'avoir des invitations de grande envergure pour communiquer la Parole de Dieu. Partage l'Évangile à quelqu'un au travail ou à l'école. Commence maintenant avec les gens qui sont autour de toi. Peut-être que de faire ça te parait insignifiant en comparaison avec ce que Dieu a déposé dans ton cœur, mais il s'agit de la première étape dans l'accomplissement de ce qu'il veut faire dans ta vie.

Si Dieu a déposé un rêve dans ton cœur de pouvoir faire une différence dans les vies des gens dans le besoin, n'attends pas d'être à la tête d'un grand organisme de bienfaisance pour commencer à faire une différence. Commence là où tu es. Sème la semence que tu as reçue même si ça te parait insignifiant. Donne quelques dollars et prend du temps avec quelqu'un dans le besoin, va faire du bénévolat dans un organisme de bienfaisance, sers les gens qui sont dans le besoin autour de toi.

Si Dieu a déposé dans ton cœur la vision d'être une personne influente dans ton milieu de travail, commence maintenant, là où tu es, à faire une différence. Prends le peu d'influence que tu as et fais-la fructifier. Avant d'influencer des milliers de personnes, tu es appelé à influencer les collègues de travail avec lesquels tu es le plus proche.

Peu importe ce que Dieu a déposé dans ton cœur, la semence aura toujours l'air insignifiante en comparaison de la vision de ce qu'elle peut devenir. La réalité est que cette vision ne pourra jamais voir le jour si la semence n'est pas plantée. Tu dois traverser l'étape de l'insignifiance si tu veux expérimenter ce que Dieu a prévu pour toi. Ne néglige pas ce que tu as, aussi insignifiant cela puisse te paraitre. Que ce soient les petites opportunités, le peu de ressources ou les simples occasions de faire une différence : ce sont toutes ces petites semences qui porteront un grand fruit. Tu ne verras jamais le fruit de ce que tu ne sèmes pas.

Dieu voit le potentiel de ce qui est petit. D'un couvert à l'autre de la Bible, nous voyons Dieu prendre ce qui semblait être insignifiant et l'utiliser de manière miraculeuse. Prenons le bâton de Moïse par exemple. Il n'y avait rien de plus insignifiant que ce morceau de bois et pourtant le Seigneur s'en est servi de manière incroyable. Pour ne prendre qu'un seul exemple, Dieu s'est servi de ce bâton pour séparer la mer en deux et ainsi sauver son peuple des Égyptiens qui les poursuivaient. Pas si mal pour un bâton de berger ! Un petit peu plus tard dans l'histoire, alors que le peuple de Dieu était terrifié face aux menaces d'un géant nommé Goliath, Dieu s'est servi d'un jeune homme (un adolescent) qui n'avait aucune notion militaire et qui n'était pas formé pour se battre afin de tuer ce géant et ainsi donner la victoire à son peuple. Ce jeune homme qui s'appelait David n'avait rien d'un guerrier. Il avait l'air insignifiant en comparaison avec la machine de guerre qu'était Goliath. Et pourtant, Dieu s'est encore une fois servi de ce qui paraissait insignifiant pour se glorifier. L'arrivée de Jésus nous démontre également à quel point Dieu se glorifie en utilisant ce qui semble insignifiant aux yeux des hommes. Jésus n'est pas arrivé dans le monde comme un grand roi puissant en renversant tous les autres empires sur son passage. Même s'il avait pu arriver de cette manière, ce n'est pas comme ça qu'il a choisi de se révéler. Jésus est venu sous la forme d'un nouveau-né, fragile et vulnérable. Qui aurait pensé qu'il s'agissait du fils de Dieu ? À l'époque, une poignée de personnes seulement. Encore une fois, Dieu a utilisé ce qui semblait insignifiant aux yeux des gens, un nouveau-né, pour se glorifier.

# Tu ne verras jamais le fruit de ce que tu ne sèmes pas.

Jean-Philippe
Beaudry

Moïse avait un bâton bien ordinaire entre les mains et Dieu s'en est servi puissamment. Toi, qu'as-tu dans les mains ? Si tu penses que ce que tu as est insignifiant et trop petit, je t'encourage à continuer de semer ce que Dieu a placé entre tes mains. Ne néglige pas ce que Dieu a déposé dans ton cœur, aussi petite soit cette chose. Rappelle-toi, même la plus grande plante du potager a commencé par être la plus petite semence.

## Étape N°2 : Obscurité

La deuxième étape est celle de l'obscurité. Évidemment, une fois qu'une semence est plantée, elle entre dans une saison d'attente et d'obscurité. Il s'agit de la saison la plus difficile parce qu'il nous est impossible de voit la progression ou les changements de la semence. Tout se passe dans l'obscurité. Cette étape va mettre à l'épreuve ta patience et ta persévérance parce que tu connais le temps où tu vas semer, mais tu ne peux jamais vraiment savoir quand tu récolteras. C'est souvent dans cette étape que plusieurs personnes vont malheureusement abandonner leurs rêves, visions et appels. Ça prend de la foi de semer quelque chose qui semble être insignifiant, mais ça prend encore plus de foi pour continuer de croire que Dieu est à l'œuvre quand le processus est invisible.

Est-ce que tu t'es déjà retrouvé dans une saison d'obscurité ? As-tu déjà eu l'impression que la vision que tu croyais venir de Dieu était finalement peut-être une simple hallucination de ta part ? Est-ce que tu t'es déjà retrouvé à un endroit où tu t'es mis à croire que Dieu t'avait oublié ? Tu pensais avoir reçu quelque chose de Dieu, mais après des jours, des semaines et peut-être même des années, il n'y avait pas le moindre signe que quelque chose était en train de germer ? Tu avais beau prier, servir, donner et t'attacher aux promesses de Dieu, mais tout ce que tu voyais c'était l'obscurité. J'ai été à cet endroit plusieurs fois. Peut-être que tu te retrouves dans une saison de ce genre en ce moment. Je comprends Paul qui encourage les croyants de ne pas se décourager dans le livre de Galates, parce qu'il difficile de continuer de croire dans quelque chose quand tu ne vois pas le moindre signe de progression ou de changement.

S'il y a un personnage biblique qui peut nous apprendre beaucoup sur l'étape de l'obscurité, c'est Joseph dans le livre de la Genèse. Nous avons vu précédemment que Joseph avait reçu une vision de la part de Dieu, mais qu'il a été de longues années sans voir la moindre pousse surgir à l'horizon. Il a, lui aussi, vécu une importante saison d'obscurité. Même si nous avons parfois

# Ce n'est pas parce que tu ne vois rien que Dieu ne fait rien.

Jean-Philippe
Beaudry

l'impression que les saisons d'obscurité sont inutiles, l'histoire de Joseph nous prouve que cette saison est primordiale à l'accomplissement de la volonté de Dieu dans nos vies.

### La chambre noire

Si tu lis ce livre et que tu as moins de 30 ans, tu te demandes peut-être ce qu'est une chambre noire. Une chambre noire était l'endroit où nous devions faire développer nos photos qui se trouvaient sur une pellicule il y a de ça plusieurs années. Aujourd'hui, tout est rapide et instantané. Tu prends une photo avec ton téléphone, tu peux la voir et même la publier sur tes réseaux instantanément. Dans un passé pas si lointain, les appareils photo ne te permettaient pas de faire tout ça. Dans ton appareil photo se trouvait une pellicule sur laquelle tes photos s'imprimaient. La plupart des pellicules pouvaient contenir jusqu'à vingt-quatre photos. Tu ne pouvais pas prendre une photo, l'effacer, recommencer et tu ne pouvais pas voir de quoi avait l'air la photo que tu venais de prendre. Une fois que tu avais appuyé sur le bouton déclencheur, il était trop tard ! Une fois tes vingt-quatre photos prises, tu devais te rendre dans un magasin et aller faire développer tes photos dans une chambre noire. Ta pellicule devait traverser plusieurs processus essentiels avant de voir le résultat final. Tous ces processus avaient lieu dans l'obscurité de la chambre noire. De manière générale, tu pouvais avoir tes photos dans la journée suivante. Voilà pour le cours d'histoire 101.

Le principe derrière ce petit cours d'histoire est celui-ci : Dieu développe notre destinée de la même façon que nous devions faire développer nos pellicules photo : dans l'obscurité, à travers une série de processus et avec du temps.

Joseph a dû aller dans la chambre noire comme toi et moi. Pendant des années, Dieu le développait et le préparait pour ce qu'il avait prévu pour lui. Il était dans l'obscurité, mais Dieu était à l'œuvre. Je ne sais pas depuis combien de temps tu es dans la chambre noire, mais même si tu ne vois pas encore le produit final et que tous les processus semblent interminables, je veux t'encourager à continuer de faire confiance à Dieu. Joseph a continué de faire confiance à Dieu à travers toutes les étapes de sa chambre noire : le rejet, l'abandon, la déception et l'isolation. Pendant cette saison, Dieu forgeait Joseph pour qu'il soit en mesure de répondre à l'appel que Dieu avait sur sa vie : celui d'être gouverneur.

Nous voulons tous que Dieu fasse une œuvre à travers nous, que le Seigneur nous utilise. Dans la chambre noire, Dieu veut premièrement faire une œuvre en nous. Avant de faire une œuvre *à travers nous*, Dieu doit faire une œuvre *en nous*. Il veut forger ton caractère, fortifier ta résilience, épurer tes motifs, développer tes aptitudes et stabiliser ta foi. Ce sont tous des éléments qui ne sautent pas aux yeux, mais ce sont ces éléments qui déterminent la durabilité et la stabilité de ta destinée. Tes dons et talents peuvent impressionner les gens et t'ouvrir quelques portes à court terme, mais c'est ton caractère, ce que personne ne voit, qui va t'amener et te garder à l'endroit où Dieu t'appelle. Il veut se servir de tes dons et talents, c'est évident, mais au-delà de tout ce que tu pourrais accomplir, c'est qui tu es, ton caractère, qui détermine tout le reste. Joseph avait les dons, mais Dieu voulait développer des racines qui allaient lui permettre de supporter le rêve qu'il avait reçu.

### Racines profondes

Alors qu'il n'y a rien qui se produit à la surface, les racines continuent de croître et de se solidifier. Pour certains cactus dans le désert, alors qu'il n'y a rien d'apparent à la surface, les racines peuvent avoir de dix à vingt pieds de profondeur ! La raison est simple : les racines vont aller en profondeur pour avoir accès aux nutriments nécessaires pour pouvoir survivre aux conditions difficiles du climat désertique. Alors au moment où une tige commence à sortir du sol et que le cactus commence à émerger, les racines sont déjà stables, profondes, prêtes à soutenir et pourvoir à tout ce dont le cactus aura besoin. Le froid, le vent et les intempéries ne pourront pas faire mourir ou tomber ce cactus parce que les racines sont tellement profondes qu'il peut résister.

J'aimerais te rappeler que c'est exactement ce que Dieu veut faire avec ta vie. Une fois qu'il a déposé quelque chose dans ton cœur et que tu vas commencer à le semer par la foi, Dieu va démarrer un travail qui ne sera pas toujours visible de l'extérieur. Les fruits ne seront pas évidents dès le début. Mais Dieu est à l'œuvre sous la surface. Alors que tu ne le vois peut-être pas, Dieu est en train de développer des racines dans ta vie. Il forge ton caractère, fortifie ta résilience, épure tes motifs, développe tes aptitudes et stabilise ta foi. Toutes ces choses ne frappent pas toujours l'œil, mais elles font partie d'un processus important et nécessaire de l'accomplissement de la volonté de Dieu pour ta vie.

Dieu te voit alors que tu es dans l'obscurité. Peut-être que les autres ne te voient pas, mais lui te voit. Il voit quand tu sers, quand tu es fidèle et que tu le suis même si tu ne vois pas ce qu'il est en train de faire. Même si personne ne te voit, rappelle-toi que c'est Dieu qui ouvre les portes et élève les personnes. Si tu n'abandonnes pas et que tu laisses Dieu faire son travail en toi dans la saison de l'obscurité, tu récolteras au bon moment.

Avant de faire une œuvre à travers nous, Dieu doit faire une œuvre en nous.

Jean-Philippe
Beaudry

154

## Étape N°3 : Accomplissement

Il y a une saison pour semer et une autre pour récolter. Entre ces deux saisons, fais confiance à Dieu qu'il est non seulement présent, mais qu'il est à l'œuvre et qu'il te prépare. Comme Paul l'écrit dans Galates :

| Galates 6.9 | «Faisons-le bien sans nous laisser gagner par le découragement. Car si nous ne relâchons pas nos efforts, nous récolterons au moment opportun.» |
|---|---|

Si nous ne nous décourageons pas et que nous n'abandonnons pas, nous allons récolter au moment opportun. Dieu connait le bon moment et c'est tout ce que tu as besoin de savoir. Le moment opportun pour Joseph est arrivé à l'instant où il s'y attendait le moins. Alors qu'il avait été oublié en prison, dans l'obscurité, le Pharaon ordonna qu'on aille le chercher parce qu'il avait un don pour interpréter les rêves. On alla chercher Joseph qui interpréta le rêve de Pharaon. Il ne retourna plus jamais en prison suite à ce moment. Il est passé de la prison au palais et sa vie a changé d'une journée à l'autre. C'était le moment opportun que Dieu avait choisi. Joseph récoltait ce qu'il semait depuis plus de treize ans.

Si tu te trouves dans une saison d'obscurité, je t'encourage à continuer de laisser Dieu te former et développer des racines profondes dans ta vie. Sa volonté pour ta vie se développe à travers les saisons. Ne cherche pas à fuir celle dans laquelle tu es, mais cherche plutôt à laisser Dieu faire tout ce qu'il veut faire durant cette saison.

# Chapitre 15

# MAXIMISER CHAQUE SAISON

| Jean-Philippe Beaudry | «Tu ne contrôles peut-être pas toutes les saisons de ta vie, mais tu peux toujours choisir la manière dont tu vas les traverser.» |
|---|---|
| Ecclésiaste 3.1 | «Il y a un temps pour tout et un moment pour toute chose sous le soleil.» |

Si Dieu est un Dieu d'étapes, il est également un Dieu de saisons. Si tu recherches la volonté de Dieu pour ta vie et que tu aspires à vivre la vie qu'il t'appelle à vivre, tu vas vite réaliser que la route sur laquelle le Seigneur t'appelle à le suivre n'est pas seulement une longue ligne droite tranquille, mais qu'elle est également sinueuse, imprévisible et parfois même effrayante. Nos vies ne sont pas composées d'une seule grande saison, mais de plusieurs saisons différentes qui se succèdent et se chevauchent. Nous traverserons des saisons de victoires, mais aussi des saisons de défaites. Nous expérimentons des saisons de joie, mais aussi des saisons de peine, des saisons de succès, mais aussi des saisons d'échecs. Chaque saison a des avantages et des désavantages, ses bons côtés comme ses défis. La Bible le dit de cette façon :

| Ecclésiaste 3.1–8 | «Il y a un temps pour tout et un moment pour toute chose sous le soleil : un temps pour naître et un temps pour mourir, un temps pour planter et un temps pour arracher ce qui a été planté, un temps pour tuer et un temps pour guérir, un temps pour démolir et un temps pour construire, un temps pour pleurer et un temps pour rire, un temps pour se lamenter et un temps pour danser, un temps pour lancer des pierres et un temps pour en ramasser, un temps pour embrasser et un temps pour s'éloigner des embrassades, un temps pour chercher et un temps pour perdre, un temps pour garder et un temps pour jeter, un temps pour déchirer et un temps pour coudre, un temps pour se taire et un temps pour parler, un temps pour aimer et un temps pour détester, un temps pour la guerre et un temps pour la paix.» |
|---|---|

Il y a un temps pour chaque saison et chaque saison a un but. Dans quel genre de saison te trouves-tu en ce moment ? J'aimerais te suggérer que peu importe la saison dans laquelle tu te trouves présentement, cette saison compte. Que tu l'aies choisi ou non. Avec Dieu, il n'y a aucune saison inutile ou gaspillée. Chaque saison a son importance. Dieu veut utiliser les belles saisons et les moins belles, les saisons d'opportunités et aussi les saisons de stagnation, les saisons où tout semble aller pour le mieux et également les saisons où le monde semble s'écrouler autour de nous.

Peu importe la saison que tu traverses présentement, Dieu veut s'en servir pour te rapprocher de lui, te faire grandir et t'utiliser pour sa gloire.

## Ce n'est pas ce que j'imaginais

Es-tu déjà entré dans une saison de ta vie en te disant : «Ce n'est pas ce que j'avais imaginé !» Ce n'était pas le plan que tu avais en tête. Tu t'étais imaginé certains scénarios, mais les événements se sont enchaînés de manières complètement différentes. Tu pensais que les choses allaient se dérouler d'une certaine façon, mais la réalité a été toute autre. Poursuivre la volonté de Dieu pour nos vies nous amènera inévitablement à traverser des saisons que nous n'aurions jamais imaginé traverser. Nous avons beau essayer de tout planifier du mieux de nos capacités, nous n'arriverons jamais à prédire avec justesse toutes les saisons qui seront devant nous. Voici ce que la Bible nous enseigne : ce n'est pas parce que nous traversons une saison que nous n'avions pas prévu que nous ne sommes pas ou plus au cœur de la volonté de Dieu pour nos vies.

J'aimerais te suggérer dans ce chapitre que même si nous ne pouvons pas toujours choisir nos saisons, nous pouvons toujours les maximiser. Dieu veut et peut se servir de chaque saison de nos vies sans exception, mais nous devons choisir de les maximiser. S'il y a un personnage de la Bible qui peut nous enseigner ce principe tellement important, c'est bien l'apôtre Paul. Dans la lettre aux Philippiens, nous découvrons que, comme nous, Paul a traversé des saisons qu'il n'aurait probablement pas choisies s'il avait eu le choix. Malgré tout, il a su maximiser ces saisons. Nous savons qu'une des aspirations de Paul était d'amener l'Évangile dans la ville de Rome. En fait, Dieu lui-même appelait Paul à aller apporter la Bonne Nouvelle à Rome[11]. C'était la volonté de Dieu pour lui. Rome était une grande ville avec un potentiel immense pour l'Évangile. Si le message de Jésus pouvait percer cette ville, les chances qu'il se répande partout dans l'Empire romain étaient pratiquement assurées.

Paul va se rendre à Rome, comme Dieu lui avait demandé. Mais l'apôtre ne se rendra pas à Rome de la manière qu'il pensait s'y rendre. Paul ne gagne pas la capitale de l'Empire romain en tant que prédicateur, mais comme prisonnier. Est-ce que Paul aurait accepté d'aller à Rome si Dieu lui avait dit qu'il s'y rendrait comme prisonnier et non comme prédicateur? On ne saura jamais la réponse, mais on peut se douter que son niveau d'excitation aurait drastiquement chuté. Paul entre dans une nouvelle saison de son ministère, celle d'amener l'Évangile à Rome, mais il n'entre pas dans cette saison comme il l'aurait imaginé. Alors qu'il se retrouve en prison dans la capitale de l'Empire romain, Paul va nous démontrer comment maximiser nos saisons, même celles que nous aurions choisi d'éviter.

## Le contrôle et le choix

Paul se retrouve donc à Rome, non pas dans un stade pour prêcher, mais plutôt entre quatre murs en prison. Mettons-nous à sa place quelques instants. Dieu l'appelle à aller à Rome pour y amener l'Évangile, mais au lieu de s'y rendre comme pasteur et prédicateur, il s'y rend comme prisonnier. Est-ce qu'il aurait existé un pire scénario? Si j'avais été à la place de Paul, j'aurais été le premier à être complètement découragé et à me demander si Dieu m'avait réellement appelé à cet endroit. Je me serais dit: «Si Dieu m'avait réellement appelé à amener l'Évangile dans cette ville, comment se fait-il que je sois en prison?» Lorsqu'on veut établir une stratégie pour répandre un message dans une ville aussi grande que Rome, être enfermé dans une cellule de prison n'est certainement pas dans le haut de la liste des choses à faire. Dans une perspective humaine, c'est une vraie catastrophe.

Mais Paul, du milieu de sa cellule, au lieu de se plaindre de son sort, va prendre le temps d'écrire une lettre aux croyants de l'église de Philippes. Il s'agit d'une église qu'il a implanté auparavant. Lorsqu'on lit la lettre, il est difficile de s'imaginer que Paul est emprisonné. Le contenu de la lettre ne semble pas concorder avec la saison qu'il traverse.

Philippiens
1.12–14

« Pour en venir aux nouvelles personnelles, je tiens à ce que vous sachiez que les épreuves que j'ai dû traverser ont plutôt servi la cause de l'Évangile : ma situation présente favorise son expansion. En effet, mon emprisonnement me donne de fréquentes occasions de rendre témoignage : toute la garde prétorienne et de nombreuses autres personnes ont entendu parler du Christ. Nul n'ignore que c'est à cause de lui et de son service que je suis ici dans les chaînes. De plus, mon emprisonnement a encouragé la plupart des frères à faire confiance au Seigneur ; aussi redoublent-ils d'audace pour annoncer sans crainte la Parole de Dieu. »

Du milieu de sa cellule de prison, Paul mentionne qu'il se trouve dans une saison d'opportunités, dans un contexte favorable pour témoigner et qu'il a de nombreuses opportunités de parler de Christ. Je te rappelle que l'auteur de cette lettre est en prison et qu'il ne s'agissait pas des prisons que l'on connait aujourd'hui ! Paul, qui est prisonnier, est presque en train d'encourager les croyants de l'église de Philippe, qui eux sont libres. Ça devrait être l'inverse ! Comment est-ce que Paul peut parler de sa saison comme ça ?

L'apôtre nous enseigne que même s'il n'avait pas le contrôle sur la saison qu'il traversait, il avait cependant le choix de la manière dont il allait la traverser. Au lieu de baisser les bras et de s'apitoyer sur son sort, Paul a décidé de maximiser la saison qu'il traversait même s'il ne l'a probablement jamais choisie. L'apôtre nous fait la démonstration qu'avec Dieu, aucune saison n'est gaspillée. Dieu n'est jamais surpris ou pris au dépourvu par les saisons que nous traversons. Il peut prendre les saisons que nous n'aurions pas choisies pour les utiliser pour sa gloire.

Paul n'avait pas le contrôle sur sa liberté, son emprisonnement ou sur la sentence qui l'attendait, mais il avait le choix de la manière dont il allait traverser cette saison. Il aurait pu choisir d'être abattu et découragé et personne n'aurait

Tu ne contrôles peut-être pas toutes les saisons de ta vie, mais tu peux toujours choisir la manière que tu vas les traverser.

Jean-Philippe
Beaudry

pu le juger. J'aurais été le premier à être découragé. Au contraire, Paul nous démontre que même les saisons que nous aurions choisi d'éviter peuvent être au centre de la volonté de Dieu pour nos vies.

Paul était enchaîné à des gardes vingt-quatre heures sur vingt-quatre, mais le voyait comme un avantage. Je l'imagine nous raconter cette saison de sa vie : « Je sais qu'en surface ma situation à l'air terrible, mais en réalité je suis stratégiquement placé par Dieu ici. Je peux témoigner à des gardes différents toutes les huit heures, et comme je suis enchaîné à eux, ils ne peuvent pas se sauver ! Ce n'est pas moi qui suis attaché à eux, c'est eux qui sont attachés à moi ! Vous n'avez aucune idée à quel point Dieu m'utilise. » Paul maximisait sa saison.

Je ne sais pas quel genre de saison tu traverses présentement, mais laisse-moi te dire que Dieu peut l'utiliser bien au-delà de ce que tu peux imaginer. Comme Paul, nous traversons tous des saisons que nous ne choisissons pas. Ce n'est pas parce que tu te retrouves dans une saison inattendue ou difficile que tu n'es pas en plein cœur de la volonté de Dieu pour ta vie. Il y a un piège dangereux d'associer la volonté de Dieu seulement avec les saisons que nous comprenons ou qui font du sens pour nous. La volonté du Seigneur ne peut pas être mise dans une boîte de cette façon. Dieu a une perspective et une vue d'ensemble que nous n'avons pas. Parfois, sa volonté pour nos vies se trouve au milieu d'une saison qui ne fait pas de sens pour nous. Paul pourrait nous en parler longtemps : se rendre à Rome en tant que prisonnier n'avait pas beaucoup de sens. Pourtant, c'était exactement la volonté de Dieu.

Suivre Jésus ne nous immunise pas contre les saisons de déceptions, de souffrances ou d'incompréhensions, mais la présence de Christ dans nos vies nous permet de voir et de traverser ces saisons différemment. Nous n'avons pas toujours le contrôle sur les saisons que nous traversons, mais nous avons toujours le choix de la manière dont nous allons les traverser.

Je veux t'encourager à maximiser ta saison actuelle, même si tu ne l'avais pas choisi. Prends la décision de glorifier Christ dans cette saison. Continue de lui faire confiance, remets-lui tes peurs, douleurs et déceptions, mais comme Paul, cherche à le glorifier là où tu te trouves.

## Voir différemment

As-tu déjà remarqué que deux personnes peuvent traverser des saisons similaires, mais les traverser de manières complètement différentes ? Lorsque j'étais pasteur jeunesse, je rencontrais régulièrement des jeunes qui me parlaient de leur célibat. Il était frappant pour moi de voir comme deux jeunes qui aspirent tous deux à se marier un jour pouvaient traverser la saison de leur célibat de manière différente. Pour un jeune, cette saison était une belle saison où il pouvait profiter de sa liberté tout en préparant son futur, alors que pour l'autre, sa saison de célibat était pénible, interminable et lourde à porter. Les deux jeunes traversaient la même saison, mais de manière complètement différente. Pourquoi ? *Parce qu'ils la voyaient différemment.*

Tu connais sûrement l'histoire de David et Goliath[12]. Pendant quarante jours, Goliath a lancé le défi au peuple d'Israël d'envoyer un soldat qui se battrait contre lui. Aucun soldat ne voulait y aller. Ils se disaient : « Goliath est tellement trop grand, nous ne pourrons jamais le tuer. » Jusqu'au jour où David arriva et décida de relever le défi du géant philistin en se disant : « Goliath est tellement grand, je ne pourrai jamais le manquer ! » Bien sûr, je paraphrase un petit peu l'histoire, mais tu vois ce que je veux dire. Tous les soldats du peuple d'Israël voyaient le même Goliath que David. Mais David le voyait différemment ! Cela lui a permis de remporter une des plus grandes victoires répertoriées dans la Bible.

Si nous voulons maximiser nos saisons, nous devons nous aussi apprendre à les voir différemment. Nous devons aller chercher une autre perspective, comme Paul l'a fait dans sa cellule. Pour lui, les gardes de prison ne représentaient pas un obstacle, au contraire, ils représentaient des opportunités pour témoigner. Tout est une question de perspective. Pour un prédicateur comme Paul, se retrouver en prison aurait dû mettre fin à ses espoirs de voir la Bonne Nouvelle être répandue dans la ville. Mais pas pour Paul. Il ne pouvait peut-être pas prêcher dans des rues, les lieux publics ou les stades, mais il pouvait écrire. Alors que d'écrire des lettres n'était fort probablement pas son plan A, Paul était décidé à maximiser sa saison. De cette même cellule, Paul a écrit quatre lettres qui sont des textes que nous lisons encore aujourd'hui : Éphésiens, Philippiens, Colossiens et Philémon. Imagine la portée de ces lettres depuis le temps que Paul les a écrites. Des centaines de millions de personnes depuis deux-mille ans ont lu ces lettres ! Pas si mal pour un plan B !

Vivre par la foi ne veut pas dire que nous n'expérimenterons pas des saisons de « prisons », mais vivre par la foi nous permet de les voir différemment. Ce n'est pas parce que ça ne se passe pas comme tu l'avais imaginé que tu n'es pas au cœur de la volonté de Dieu. Comment vois-tu ta saison actuelle ? Se pourrait-il que Dieu t'appelle à voir cette saison avec une nouvelle perspective ? Tu peux complètement changer la manière dont tu traverses ta saison actuelle si tu changes la manière dont tu la regardes. Peut-être qu'il est temps pour toi de commencer à demander à Dieu de te montrer comment lui voit ta saison. Une simple prière comme « Seigneur, fais-moi voir cette saison comme toi tu la vois. »

[12] 1 Samuel 17.1–58

# La meilleure façon de changer la manière dont tu traverses une saison est de changer la manière que tu vois cette saison.

Jean-Philippe
Beaudry

## Une question de perspective

Il y a quelques années, Valérie et moi avons traversé une saison que nous ne pensions pas traverser. Elle ne figurait pas sur notre radar. Nous essayions d'avoir des enfants depuis quelque temps et Valérie est finalement tombée enceinte. Nous étions tellement contents et après quelques semaines, nous ne pouvions pas nous empêcher de nous projeter en nous imaginant décorer la chambre de notre enfant, lui trouver un nom et le tenir dans nos bras. Lors de la journée de la fête des mères, la saison dans laquelle nous étions a changé subitement. Valérie a perdu le bébé. Il n'y a pas de bon moment pour perdre un bébé, mais perdre le bébé la journée de la fête des mères a été particulièrement dur. Ç'a été une saison difficile pour nous. Nous voulions tellement avoir un enfant.

Au milieu de cette saison de tristesse et de déception, nous avons dit à Dieu quelque chose du genre : «Seigneur, nous avons mal en ce moment, mais montre-nous ta perspective de cette saison». Nous voulions maximiser cette saison alors que nous n'aurions jamais choisi de la traverser. Je peux t'affirmer aujourd'hui que nous sommes reconnaissants de l'avoir traversée. Dieu s'est servi de cette saison pour nous rapprocher Valérie et moi. Encore plus important, il nous a rapprochés de lui. Elle nous a montré qu'il était réellement le Dieu de consolation. C'est une chose de le savoir parce que la Bible le dit, c'est une tout autre chose de l'*expérimenter*. Ce n'est pas tout, Dieu s'est servi de cette saison pour développer en nous une sensibilité et une compassion pour tous les couples qui traversent des saisons similaires. Depuis ce temps, Dieu nous utilise beaucoup pour accompagner des couples qui traversent les mêmes situations.

Est-ce que nous aurions choisi de traverser cette saison-là ? Jamais. Est-ce que Dieu s'est servi de cette saison pour nous faire grandir et nous utiliser ? Absolument ! Nous n'avons pas toujours le contrôle sur les saisons que nous traversons, mais lorsque nous les plaçons dans les mains de Dieu, il n'y a aucune saison inutile ou gaspillée. Si tu traverses une saison que tu n'aurais pas choisi, rappelle-toi que Dieu n'est ni surpris ni pris au dépourvu. Chaque saison compte.

# Chapitre 16

# DIEU VA S'EN SERVIR

| Jean-Philippe Beaudry | «Dieu se sert de chaque saison de nos vies pour accomplir sa volonté.» |
|---|---|
| Genèse 50.20 | «Vous aviez projeté de me faire du mal, Dieu l'a changé en bien pour accomplir ce qui arrive aujourd'hui, pour sauver la vie à un peuple nombreux.» |

As-tu déjà traversé une saison ou une situation que tu aurais préféré éviter? Fort probablement que oui. Moi aussi. En fait, il y a beaucoup de situations et de saisons que j'aurais aimé éviter. La première fois que j'ai rencontré le père de ma femme figure dans le haut de ma liste. Valérie et moi étions en fréquentations et nous étions sortis au festival de jazz de Montréal pour la soirée. Nous avions décidé de prendre sa voiture pour y aller. La raison est simple, sa voiture était beaucoup plus belle que la mienne. Valérie était assez gentille pour me laisser conduire.

Après avoir passé une très belle soirée, nous étions sur le chemin du retour et lorsque je me préparais à embarquer sur l'autoroute, l'auto s'est brusquement éteinte. Il ne se passait plus rien. Je roulais à une bonne vitesse lorsque l'auto a cessé de répondre. Je me suis dirigé rapidement vers la voie d'accotement pour éviter de causer un bouchon ou même un accident. Lorsque j'ai finalement réussi à immobiliser la voiture sur le bord de la grande autoroute de quatre voies, j'ai immédiatement appelé la remorqueuse. Il était passé minuit. Il nous fallait maintenant trouver un plan pour rentrer chez les parents de Valérie, car ma voiture y était stationnée. Valérie a alors appelé son père pour qu'il vienne nous chercher, ce qu'il a accepté de faire sans hésiter. Quelques secondes après que Valérie a eu terminé de parler avec son père, j'ai réalisé que j'allais rencontrer le papa de Valérie pour la première fois sur le bord de l'autoroute, en panne en plein milieu de la nuit. Comment faire une mauvaise première impression !

Je n'ai pas besoin de te convaincre que si j'avais pu choisir le scénario de ma première rencontre avec mon beau-père, ça n'aurait pas été celui-là ! Heureusement, Richard, le père de Valérie, était tellement content que nous nous rencontrions enfin, qu'il m'a presque fait oublier que nous étions sur le bord de l'autoroute en pleine nuit. Dieu s'est servi de cette situation pour orchestrer notre première rencontre. Nous en rions encore aujourd'hui.

Cette situation m'a enseigné un principe important de la volonté de Dieu : Dieu peut se servir de toutes nos saisons pour nous faire entrer dans sa volonté. La volonté du Seigneur pour nos vies n'est pas rattachée à certains types de saisons seulement, mais sa volonté s'expérimente dans toutes les saisons. J'ai longtemps associé la volonté de Dieu pour ma vie avec les saisons de succès, d'opportunités, de croissance et de bénédictions. À l'inverse, je me suis longtemps dit que si je traversais des saisons de déceptions, de portes fermées ou de souffrances, je ne pouvais pas être dans la volonté de Dieu. Comment pourrais-je être dans sa volonté et traverser des saisons difficiles ? Peut-être que tu t'es déjà dit la même chose ?

Dans ce chapitre, j'aimerais t'inviter à considérer l'idée que la volonté de Dieu s'expérimente dans toutes nos saisons. Cette idée que Dieu veut se servir, non seulement des belles saisons de nos vies, mais également des saisons de souffrances, de questionnements et de déceptions.

Un des plus beaux portraits de ce principe se trouve dans le livre de la Genèse, le livre où nous trouvons l'histoire de Joseph. Comme nous l'avons vu précédemment dans le livre, Joseph a reçu une vision de Dieu alors qu'il était jeune. Il avait reçu la vision qu'il deviendrait le gouverneur de toute l'Égypte. Alors que nous étudions l'histoire de Joseph, nous découvrons que cette vision allait se développer à travers toutes sortes de saisons. À partir du moment où Joseph a raconté sa vision à ses frères, Joseph a expérimenté une succession de saisons et d'événements qui ne semblaient que l'éloigner de la vision qu'il avait reçue. Après avoir reçu la vision de Dieu, Joseph a été vendu comme esclave à deux reprises, il a été faussement accusé d'avoir agressé sexuellement la femme de son maître, il a été mis en prison et il y a même été oublié. Tous ces scénarios n'étaient certainement pas ce que Joseph avait en tête lorsqu'il cherchait à accomplir la volonté de Dieu pour sa vie.

Peut-être que tu te retrouves dans une situation ou une saison similaire à Joseph. Tu cherches à vivre pour Dieu et tu veux faire sa volonté, mais tu traverses une saison qui semble plus t'éloigner de son plan que de t'en rapprocher. Peut-être que parce que tu te trouves dans une saison qui semble ne faire aucun sens, tu te demandes si tu es toujours dans la volonté de Dieu. Comment Dieu pourrait-il se servir de la saison dans laquelle je me trouve? L'histoire de Joseph nous donne un portrait de la manière dont Dieu développe son plan pour nos vies dans toutes les saisons.

## Vous m'avez vendu, mais Dieu m'a envoyé

L'avantage que nous avons aujourd'hui est que nous avons une vue d'ensemble des histoires bibliques. C'est facile pour nous d'avancer rapidement à la fin des récits pour voir comment les événements ont tourné. Nous avançons rapidement dans l'histoire de Joseph jusqu'au moment où il est maintenant le gouverneur de toute l'Égypte. La vision de Dieu s'est réalisée. Au moment où nous reprenons l'histoire, une grande famine frappe la région et des gens de partout convergent vers l'Égypte pour y trouver de la nourriture. Joseph est responsable de la gestion de cette crise humanitaire.

La famille de Jacob, les frères de Joseph, est touchée par cette famine, et comme des milliers d'autres, les frères de Joseph se dirigent vers l'Égypte pour y trouver de la nourriture. Sans le savoir, ils vont revoir leur frère Joseph qu'ils croyaient mort depuis longtemps. Lorsque celui-ci les voit, il les reconnait aussitôt. Voici la scène en question:

Genèse 45.4–8
« Il dit : " Je suis Joseph, votre frère, celui que vous avez vendu à destination de l'Égypte. Maintenant, ne vous tourmentez pas et ne soyez pas fâchés contre vous-mêmes de m'avoir vendu pour que je sois conduit ici, car c'est pour vous sauver la vie que Dieu m'a envoyé ici avant vous. Voilà 2 ans que la famine dure dans le pays, et pendant 5 ans encore il n'y aura ni labourage ni moisson. Dieu m'a envoyé ici avant vous pour vous permettre de subsister dans le pays et pour vous faire vivre en vous accordant une grande

168

délivrance. Ce n'est donc pas vous qui m'avez envoyé ici, c'est Dieu. Il m'a établi père du pharaon, seigneur de toute sa maison et gouverneur de toute l'Égypte. " »

Peux-tu t'imaginer cette scène? Après toutes ces années, les frères sont maintenant réunis. J'aimerais attirer ton attention sur quelque chose d'important dans ces quelques versets. Joseph mentionne à ses frères que s'il est maintenant en Égypte, ce n'est pas parce qu'ils l'ont vendu comme esclave vers l'Égypte, mais parce que *Dieu l'a envoyé*. En fait, les frères de Joseph l'ont réellement vendu comme esclave vers l'Égypte, mais Joseph semble convaincu que s'il est en Égypte c'est parce que Dieu l'a envoyé. Quelle est vraiment la raison pour laquelle Joseph se retrouve en Égypte? Est-ce que c'est parce que ses frères l'ont vendu ou parce que Dieu l'a envoyé? La réponse est : les deux.

J'aimerais te suggérer que nous avons là un exemple parfait de la manière dont Dieu peut se servir de toutes les saisons de nos vies. Les frères de Joseph l'ont vendu pour l'Égypte, mais Dieu s'en est servi pour le faire entrer dans sa destinée. Plusieurs théologiens avancent que l'histoire de Joseph est la meilleure illustration biblique de l'intersection entre la liberté humaine et la souveraineté de Dieu. En d'autres mots, l'histoire de Joseph nous démontre à quel point Dieu peut se servir de chacune des saisons que nous traversons pour les tourner pour sa gloire.

Je ne sais pas ce que tu traverses présentement, mais je peux t'assurer que Dieu peut se servir de cette saison pour sa gloire.

## Cliff Barrows et Billy Graham

Cliff Barrows était un jeune homme passionné de Dieu et de son église. Il servait dans le ministère de la louange. En 1945, Cliff se maria à la femme de sa vie, Billie. Ils n'avaient pas beaucoup de sous pour se payer un beau voyage de noces, mais ils avaient suffisamment épargné pour se payer quelques nuits dans un modeste hôtel en Caroline du Nord, aux États-Unis.

Lorsqu'ils sont arrivés à l'hôtel en question, le propriétaire de l'endroit leur annonça que le bâtiment avait été converti en centre de réhabilitation et qu'ils ne pouvaient donc pas avoir de chambre. Cliff et Billie étaient découragés parce que les hôtels aux alentours étaient trop dispendieux pour leur budget. Ils rencontrèrent le propriétaire d'une petite épicerie qui les référa à un ami, lequel leur prêta une chambre pour dormir. Ce n'était certainement pas le voyage de noces qu'ils avaient imaginé!

# Dieu peut se servir de chacune des saisons que nous traversons pour sa gloire.

Jean-Philippe
Beaudry

La personne chez qui ils demeuraient était chrétienne et lorsqu'elle apprit que Cliff pouvait diriger la louange, elle lui demanda s'il serait partant d'aller diriger la louange dans un rassemblement de jeunes le soir même. Celui qui était censé diriger la louange était malade. Je te rappelle que Cliff et sa femme étaient dans leur voyage de noces. Cliff accepta d'aller servir dans cet événement jeunesse et il dirigea le temps de louange, tout juste avant qu'un jeune prédicateur prenne la parole : Billy Graham. Suite à cette soirée, Billy Graham et Cliff Barrows ne se sont pas quittés. Cliff dirigeait la louange et Billy Graham prêchait. Ils ont servi Dieu ensemble en parcourant le monde entier et en amenant des dizaines de milliers de personnes à Jésus pendant plus de cinquante ans !

Voici la leçon derrière cette histoire : Dieu peut se servir de toutes les saisons pour nous amener dans notre destinée. Dans le cas de Cliff Barrows, Dieu s'est servi d'un voyage de noces où rien ne se déroulait comme prévu pour le propulser dans les plans qu'il avait pour lui.

De Joseph à Cliff Barrows jusqu'à nous aujourd'hui, Dieu veut servir des saisons que nous aurions évitées pour nous préparer et nous amener dans notre destinée. Peut-être que tu traverses une saison que tu n'aurais pas choisi dans ton travail, dans ton couple ou dans ton ministère et tu ne vois pas où ça s'en va. Peut-être que tu te retrouves à un endroit que tu ne comprends pas, que tu ne pensais pas vivre et qui ne fait pas de sens pour toi. J'aimerais pouvoir prendre un temps face à face avec toi et te dire que Dieu va se servir de cette saison. Comme je ne peux pas le faire, alors je prie que ces mots s'imprègnent sur ton cœur et tes pensées : Dieu va s'en servir.

## La présence de Dieu

As-tu déjà remarqué à quel point il est facile d'associer la volonté de Dieu avec les belles saisons de nos vies ? Dans la Bible, il est facile de voir la présence de Dieu quand il sépare la mer en deux, qu'il multiplie du pain et des poissons ou qu'il guérit quelqu'un surnaturellement. On associe souvent la présence de Dieu dans nos vies avec les saisons de bénédictions, de victoires ou de percées. À l'inverse, dans nos saisons difficiles, d'adversité, de blessures ou d'incompréhensions, on a souvent l'impression que Dieu nous oublie ou qu'il n'est pas avec nous. Comme si la présence de Dieu était rattachée à certains types de saisons seulement.

L'histoire de Joseph nous démontre précisément le contraire. Dieu n'était pas avec Joseph dans certains types de saisons et absent dans d'autres. Le Seigneur était avec Joseph dans *toutes ses saisons*. Dieu n'a jamais quitté

Joseph. Même si ce dernier traversait des saisons difficiles, la présence de Dieu ne changeait pas et n'était pas liée à certains types de saisons.

De la même manière, ce n'est pas parce que tu traverses une saison difficile que Dieu t'a oublié ou qu'il t'a abandonné. Ce n'est pas parce que tu es dans une saison que tu ne comprends pas que tu es hors de la volonté de Dieu. La vie de Joseph nous prouve le contraire. Lorsque Joseph était esclave dans la maison de Potiphar, un homme influent d'Égypte, la Bible nous dit que Dieu était avec Joseph et que Dieu le faisait réussir tout ce qu'il faisait[13]. Lorsque Joseph a été jeté injustement en prison, Dieu était encore avec Joseph[14]. Même s'il expérimentait différentes saisons difficiles, la vision et la présence de Dieu pour sa vie n'ont jamais changé.

Peut-être que tu n'es pas à l'endroit où tu pensais être ou peut-être que tu traverses quelque chose que tu souhaiterais éviter ou peut-être que, comme Joseph, des gens t'ont trahi ou quitté. Laisse-moi te dire que l'amour de Dieu, sa grâce, sa protection et sa présence sont encore là.

## Théologiquement impossible

L'apôtre Paul va même jusqu'à dire qu'il est théologiquement impossible que ta situation ou ta saison actuelle puisse te séparer de Dieu. Rien de ce qui pourrait t'arriver et rien de ce que les autres pourraient te faire, pourra te séparer de Dieu. Dans la lettre qu'il a écrite aux Romains, Paul va faire une liste de situations qui ne peuvent pas et qui n'auront jamais le pouvoir de te séparer de Dieu.

| Romains 8.35,38–39 | «Qui nous séparera de l'amour de Christ? Serait-ce la détresse, l'angoisse, la persécution, la faim, le dénuement, le danger ou l'épée? En effet, j'ai l'assurance que ni la mort, ni la vie, ni les anges, ni les dominations, ni le présent, ni l'avenir, ni les puissances, ni la hauteur, ni la profondeur, ni aucune autre créature ne pourront nous séparer de l'amour de Dieu manifesté en Jésus-Christ notre Seigneur.» |
| --- | --- |

Comme si Paul nous disait: «Si tu peux me nommer une situation ou une saison que tu traverses, je peux te nommer un nom qui est plus grand: Jésus!»

[13] Genèse 39.3, [14] Genèse 39.21

# Rien ni personne ne pourra te séparer de l'amour de Dieu.

Jean-Philippe
Beaudry

En faisant une liste de la sorte, Paul voulait s'assurer que ses lecteurs aient la conviction que rien ne peut les séparer de l'amour de Dieu.

## Le changer en bien

À travers l'histoire de Joseph, non seulement Dieu veut nous amener à voir que sa présence est toujours constante, peu importe nos saisons, mais il nous démontre également qu'il peut tourner toutes nos saisons pour sa gloire. Dieu peut prendre les situations qui nous semblent sans espoir et s'en servir pour sa gloire. C'est ce que Joseph va expliquer à ses frères alors que leur conversation continue :

| | |
|---|---|
| Genèse 50.20 | « Vous aviez projeté de me faire du mal, Dieu l'a changé en bien pour accomplir ce qui arrive aujourd'hui, pour sauver la vie à un peuple nombreux. » |

Non seulement la présence de Dieu n'a jamais quitté Joseph, mais Dieu a tourné les trahisons, les déceptions et les injustices pour sa gloire! C'est comme si Joseph expliquait à ses frères : « Je sais qu'en surface, la situation à l'air terrible, mais à travers tout ce que j'ai traversé, Dieu était en train de me préparer, de me changer et de me solidifier pour que je puisse accomplir ce qu'il m'appelle à accomplir aujourd'hui! Alors que je traversais toutes ces saisons difficiles, Dieu était déjà en train de les tourner pour sa gloire! »

J'aimerais te rappeler que Dieu est le même hier, aujourd'hui et éternellement. S'il l'a fait avec Joseph, il peut le faire avec toi. Peut-être que tu traverses une période difficile, la promesse tient encore. Peut-être que tu as reçu une mauvaise nouvelle, la promesse tient encore. Paul rajoute dans la lettre aux Romains :

| | |
|---|---|
| Romains 8.28 | « Nous savons que tout contribue au bien de ceux qui aiment Dieu, de ceux qui sont appelés conformément à son plan. » |

Quand Paul dit que tout contribue au bien de ceux qui aiment Dieu, cela sous-entend que tout ne sera pas toujours bon, heureux et joyeux. Voici comment Dieu nous appelle à expérimenter sa volonté dans nos vies : il prend ce qui bon et ce qui est moins bon, ce qui est heureux et ce qui fait mal, il prend nos victoires et nos défaites et il les met ensemble pour le bien de ceux qui l'aiment. Dieu va se servir de toutes tes saisons, même celles qui ne font pas de sens. Même celles où tu ne vois pas comment Dieu pourrait les utiliser, il va s'en servir. La volonté de Dieu s'accomplit à travers toutes les saisons de nos vies. Je t'invite à prendre la décision de continuer de faire confiance à Dieu, de t'attacher à ses promesses et de croire qu'il fera tout contribuer pour ton bien et pour sa gloire.

# Dieu se sert de toutes nos saisons pour accomplir sa volonté dans nos vies.

Jean-Philippe
Beaudry

# Conclusion

Nous y voilà, nous arrivons à la fin du livre! J'espère sincèrement que cet ouvrage aura su t'aider à découvrir un petit peu plus la volonté de Dieu pour ta vie. Comme je te disais au tout début du livre, je n'ai pas du tout la prétention de penser que ce livre est une étude exhaustive du thème de la volonté de Dieu, mais je prie que ta lecture ait pu t'aider à démêler et démystifier certains concepts qui sont rattachés à la volonté de Dieu.

Si je pouvais résumer ce que je crois être le principe le plus important de ce livre, ce que j'aimerais que tu conserves et amène avec toi, je le ferais de cette façon : suis Jésus passionnément à tous les jours de ta vie. Si tu devais retenir une chose de ce livre, j'aimerais que ce soit celle-ci : si tu suis Jésus et que tu restes collé à lui chaque jour, tu ne pourras jamais te retrouver hors de la volonté de Dieu pour ta vie. Tes plans et tes projets ne se réaliseront peut-être pas toujours comme tu l'aurais souhaité ou planifié, mais en suivant Jésus, tu t'assureras que ses plans et ses projets qu'il a pour toi s'accompliront. Et ça, c'est le plus important!

Pour Valérie et moi, le plus important sera toujours de demeurer près de Dieu. C'est notre seule et unique stratégie. Nous ne savons pas tout ce que l'avenir nous réserve, mais nous savons que tant que nous sommes près du Seigneur, nous n'avons rien à craindre car nous savons qu'il nous dirige. Malgré les saisons inattendues, les périodes de transitions et les décisions difficiles à prendre, nous avons confiance que Dieu nous guide et que nous pouvons marcher dans sa volonté pour nos vies en restant près de lui. Ma prière est que tu puisses découvrir la vie extraordinaire que Dieu te réserve en marchant dans ses voies et en le suivant sans conditions.

En terminant, je veux te remercier du fond du cœur d'avoir investi de ton temps pour lire ce livre. Ça veut dire beaucoup pour moi et j'espère que ta lecture portera du fruit dans ta vie. J'espère réellement que nous pourrons un jour nous rencontrer et connecter ensemble dans une église, une conférence, sur les réseaux sociaux ou qui sais, dans un prochain livre!

Que Dieu te bénisse!

# Contact

Site Web    zonesgrises.com

Email    jpbeaudry
@lachapelle.me

Instagram    @jpbeaudry